Für Manuel

„... was sie sahen, übertraf ihre kühnsten Vorstellungen"

Herzlichst

24/2/11

Marcus Mockler

Gibt es ein Leben nach dem Leben?

Das Gespräch der Zwillinge

SCM Hänssler

SCM

Stiftung Christliche Medien

SCM Hänssler im SCM-Verlag GmbH & Co. KG
71088 Holzgerlingen
Internet: www.scm-haenssler.de; E-Mail: info@scm-haenssler.de

Umschlaggestaltung: Jens Vogelsang, Aachen
Titelbild: fotolia.com
Satz: Burkhard Lieverkus, Wuppertal | www.lieverkus.de
Druck und Bindung: CPI – Ebner & Spiegel, Ulm
Printed in Germany
ISBN 978-3-7751-5296-9
Bestell-Nr. 395.296

Für Margrit und Dieter

Inhalt

Die Geschichte

Ein ungeborenes Zwillingspärchen unterhält sich im Bauch seiner Mutter.

»Sag mal, glaubst du eigentlich an ein Leben nach der Geburt?«, fragt der eine Zwilling.

»Ja, auf jeden Fall! Hier drinnen wachsen wir und werden stark für das, was draußen kommen wird«, antwortet der andere Zwilling.

»Ich glaube, das ist Blödsinn!«, sagt der erste. »Es kann kein Leben nach der Geburt geben – wie sollte das denn bitte schön aussehen?«

»So ganz genau weiß ich es auch nicht. Aber es wird sicher sehr viel heller sein als hier. Und vielleicht werden wir herumlaufen und mit dem Mund essen.«

»So einen Unsinn habe ich ja noch nie gehört! Mit dem Mund essen, was für eine verrückte Idee. Es gibt doch die Nabelschnur, die uns ernährt. Und wie willst du herumlaufen? Dafür ist die Nabelschnur doch viel zu kurz!«

»Doch, es geht ganz bestimmt! Es wird eben alles ganz anders.«

»Du spinnst! Es ist noch nie einer zurückgekommen von ›nach der Geburt‹. Mit der Geburt ist das Leben zu Ende. Punktum.«

»Ich gebe ja zu, dass niemand weiß, wie das Leben nach der Geburt aussehen wird. Aber ich weiß, dass wir dann unsere Mutter sehen werden und sie wird für uns sorgen.«

»Mutter??? Du glaubst doch wohl nicht an so einen Quatsch! Wo ist sie denn bitte?«

»Na, hier – überall um uns herum. Wir sind und leben in ihr und durch sie. Ohne sie könnten wir gar nicht sein.«

»Blödsinn! Von einer Mutter habe ich noch nie etwas bemerkt. Also gibt es sie auch nicht.«

»Doch manchmal, wenn wir ganz still sind, kannst du sie singen hören. Oder spüren, wenn sie unsere Welt berührt ...«

Die unbekannte Welt

»Glaubst Du an ein Leben nach der Geburt?«

Wie oft ich die Geschichte vom Gespräch der ungeborenen Zwillinge bei Vorträgen erzählt habe, weiß ich nicht mehr. Eindrücklich ist mir bis heute die Reaktion, die diese Geschichte jedes Mal auslöst: Nach dem Vortrag kommen mehrere Personen unabhängig voneinander auf mich zu und fragen, wie sie an den Wortlaut kommen könnten. Es hat sie angerührt, bewegt, etwas in ihnen ausgelöst – oder etwas auf unnachahmliche Weise anschaulich gemacht, was sonst nur in komplizierten Worten erklärbar wäre. Sie wollen es nachlesen, festhalten, überdenken, meditieren und gewiss auch anderen verfügbar machen.

Die Unterhaltung der beiden ungeborenen Zwillinge über das Leben nach der Geburt ist ein Abbild unserer Gespräche über das Leben nach dem Tod. Wir reden beim Leben nach dem Tod über eine Welt, die wir nicht kennen und nicht verstehen können. Wir diskutieren ohne eigene Anschauung. Wir bleiben vage und können auch gar nicht anders. Ebenso wie Zwillinge im Mutterleib, für die das Leben nach der Geburt eine Vorstellung ist, die viel mit Spekulation zu tun hat.

Vielleicht zögern Sie, überhaupt nach diesem Buch mit einem so herausfordernden Thema zu greifen. Der Gedanke an den Tod ist schwer, unangenehm, abstoßend. Das Leben ist hart genug, warum sollten wir es mit heiklen Grübeleien noch schwerer machen? Andererseits: Am Tod kommt keiner vorbei, er ist unausweichlich. Es lässt sich über das irdische Leben eines Menschen nichts sicherer sagen, als dass es mit dem Tod endet. Ist es dann nicht einfach vernünftig, darüber nachzudenken, was danach sein wird?

Die Bereitschaft zum Nachdenken ist das Einzige, was Ihnen dieses kleine Buch abverlangen wird. Sie müssen nichts zustimmen, nichts unterschreiben, nirgends beitreten, keinerlei Mitgliedsbeiträge bezahlen. Aber ohne eine gewisse Neugierde und die Bereitschaft, ausgetretene Gedankenpfade zu verlassen, werden Sie keine Freude an diesem Buch haben.

Wir sind ja in einer vergleichbaren Situation: Sie als Leserin oder Leser, ich als Autor. Wir stecken voller Ungewissheit im Blick auf das Danach. Es ist für uns wie der Geburtskanal für die Zwillinge, wie ein stockdunkler Gang, der vor uns liegt und in den wir uns eines Tages hineintasten müssen, ob wir wollen oder nicht. Was dann sein wird – wir wissen es nicht.

»Entweder es ist bald alles aus …«

Wollen wir Zwillinge sein, liebe Leserin, lieber Leser? Wir sind nicht blutsverwandt wie die Geschwister im Mutterleib, aber wir sind in vergleichbarer Situation.

Wir leben in einer Welt, in der wir uns eingerichtet haben, mit der wir uns arrangiert haben – doch die Ungewissheit über das, wie dieses Leben ausgeht, überschattet mehr oder weniger jeden Tag. Hier geht es uns gut. Die meisten von uns kennen im westlichen Wohlstand keinen Hunger, wenige leiden unter dauernden Schmerzen. Es lässt sich leben in dieser Welthöhle, trotz ihrer Dunkelheit im Blick auf die Zukunft.

Willkommen im Mutterleib – willkommen im Paradies. Ungeborene Zwillinge haben keinen Grund, über eine ungewisse Zukunft zu diskutieren. Zumindest die ersten Monate nicht. Es geht ihnen im Normalfall glänzend und sie haben alles, was sie zum Leben brauchen: Wärme, Nahrung, Sauerstoff. Die Grundbedürfnisse stillt die Mutter; deren Leib bildet einen weichen und sanften Schutz gegen alle Härten, die das äußere Leben bringt. Der Herzschlag der Schwangeren gibt den ersten Takt vor, ihre Stimme dringt gedämpft ins Paradies. Die Ungeborenen können nicht einordnen, wo sie sich befinden. Aber sie spüren und wissen: Es ist ein guter Ort.

Hier stellen sich Existenzfragen vermutlich gar nicht. Solche Fragen schwappen allenfalls gegen Ende der Schwangerschaft hoch, wenn es zu eng wird im Mutterleib. Wenn absehbar wird, dass die Zeit in der Gebärmutter begrenzt ist. Wenn klar wird: Entweder ist bald alles aus – oder es geht anders weiter.

Viele Geborene in unserem Umfeld empfinden ähnlich. Sie haben keinen Grund, über ein Leben nach dem Tod nachzudenken. Zumindest die ersten Jahrzehnte nicht. Es gibt so viel zu sehen, zu entdecken, zu erleben, zu gestalten, zu genießen. Da mag man nicht an das Ende denken. Eigentlich gilt fast für jeden Tod: Er kommt immer zu früh. Wirklich willkommen ist er allenfalls, wenn er ein sehr schweres Leiden beendet. Ansonsten wollen wir den Tod nicht sehen, nicht fühlen, nichts davon hören und nicht an ihn denken.

Es gibt Ausnahmen: Wenn ein Kind stirbt oder uns die Nachricht einer fernen Katastrophe mit vielen jungen Opfern nahegeht, dann können wir der einen Frage vorübergehend nicht ausweichen. Der einen Frage nämlich, die lautet: Was ist eigentlich mit uns, wenn es mit diesem Leben vorbei ist?

Was denken wir wirklich an einem Sarg?

Tot – und dann? War das alles? Game over? Festplattencrash? Totaler Datenverlust? Dieser Gedanke lässt sich lange, lange verdrängen. Die meisten von uns sind gesund und munter, das Leben ist schön, die Welt bietet Vergnügen und Abwechslung. Natürlich kennen wir Unzufriedenheit und Frust, aber das lässt die wenigsten gleich depressiv werden. Wenn man es geschickt anstellt und nicht von groben Schicksalsschlägen gepeinigt wird, kann man in unserem Winkel der Erde meistens gut leben und muss sich über die Zukunft keine existenziellen Sorgen machen.

Aufschieben lässt sich die Beschäftigung mit der Frage nach dem Tod also recht einfach – aber nicht aufheben. Hand aufs Herz: Was denken wir wirklich, wenn wir an einer Beerdigung teilnehmen und der Sarg sich in die Erde senkt? Was ist mit diesem Menschen? Glauben wir, dass die verstorbene Person sich in nichts aufgelöst hat? Dass von ihr außer verwesender Zellmasse und einer Fülle von Erinnerungen nichts mehr bleibt? Dass sie nicht in irgendeiner Weise weiter existiert? Glauben wir, dass das, was Theologen und Philosophen als Seele bezeichnen, nur ein Fantasieprodukt ist? Und dass unser Bewusstsein, unsere Wahrnehmung unserer Persönlichkeit, unsere Gefühle und Gedanken letztlich nur Ergebnisse eines evolutionären Spiels der Natur mit Materie sind, biochemische Prozesse in einem komplexen Menschenhirn? Dass von alledem nichts bleibt?

Das Leben – eine Laune der Natur

Atheisten vertreten das so. Wir Menschen sind aus einer Laune der Natur heraus entstanden, so ihre Weltsicht. Wir haben uns vorübergehend als bestens anpassungsfähig auf dieser Erde erwiesen und als Spezies den Kampf ums Überleben für uns entschieden. Der Einzelne ist nicht so wichtig, seine von Genen programmierte Materie wird nach dem Tod verfallen. Wenn wir uns erfolgreich fortgepflanzt haben, haben wir im Prinzip schon einen guten Job gemacht. Denn dann geht das Leben weiter und verbreitet sich durch unsere Erbinformation. Mehr Ansprüche stellt die Natur im Kampf ums Überleben nicht: Verbreite deine Gene und du hast den Sinn des Lebens erfüllt. Der Rest ist Beiwerk.

Eine kleine Ironie am Rande: Diese Weltsicht, die die Natur und das Leben nicht auf einen Schöpfer, sondern auf einen kosmischen Zufall zurückführt, ist in westlichen Nationen besonders verbreitet. Und ausgerechnet diese Länder verzeichnen die niedrigsten Geburtenraten. Die Anhänger dieser Theorie machen unter diesem Gesichtspunkt durchaus einen schlechten Job, weil sie die Verbreitung ihrer Gene nicht ausreichend vorantreiben.

Was Diesseits und Jenseits verbindet

Ist das Leben wirklich nur auf das Diesseits begrenzt? Ist die Frage nach dem Jenseits ein reines Spekulationsthema? Eines, das man auf Partys, vom Rotwein angesäuselt, nach Mitternacht mit echauffierter Stimme debattiert? Und bei dem man sich am nächsten Tag mit Kopfschmerzen fragt, wie man sich bei so wenig Wissen so hineinsteigern konnte? Oder ist es eher ein leises Thema, das nur in sehr nachdenklichen Augenblicken in einer Seele aufklingt, aber mit verschiedensten Methoden – sei es Geschäftigkeit, sei es Ablenkung – zum Verstummen gebracht werden kann?

Bei kurzer Betrachtung mag man zunächst den Skeptikern und Kritikern recht geben. Wo doch so vieles unklar und ungewiss ist, wo das Spekulative über das Nachweisbare zu triumphieren scheint, wirkt das Nachdenken über das Leben nach dem Tod nahezu sinnlos. Die einen sagen so, die anderen so, nichts Genaues weiß man nicht. Oder, wie es ein Freund von mir in Anlehnung an ein beliebtes TV-Kinderquiz einmal formuliert hat: »Ob du wirklich richtig stehst, zeigt sich, wenn das Licht angeht.« Im dunklen Tunnel können wir das noch nicht sehen, sondern erst, wenn unser Leben zu Ende ist. Es scheint also eine vernünftige Option, die Frage nach dem Jenseits schulterzuckend beiseite zu legen und sie erst im Ernstfall wieder zu betrachten.

Doch seien wir vorsichtig. Die Sicht der Dinge ändert sich dramatisch, wenn wir auf eine andere, damit zusammenhängende Frage, eine Antwort suchen. Eine Frage, die die Verbindung herstellt zwischen Gegenwart und Zukunft. Eine Frage, die mich schon heute in die Verantwortung nimmt. Diese Frage lautet: Wenn es ein Leben nach dem Tod gibt – kann ich die Qualität dieses jenseitigen Lebens durch mein diesseitiges Leben beeinflussen? Oder in anderen Worten: Wenn man für die Ewigkeit ein Ticket braucht, muss ich es hier schon kaufen? Wenn es nach dem Tod verschiedene Modelle ewigen Lebens geben sollte – was kann ich heute tun, um das beste Modell zu erreichen?

Warum die Zukunft so wichtig ist

Das sind die Fragen, die mich aus der Gleichgültigkeit reißen. Das sind die Fragen, die elektrisieren. Vielleicht ist der Zusammenhang zwischen Diesseits und Jenseits für einen sterblichen Menschen die Frage aller Fragen, jedenfalls die existenziellste. Plötzlich geht es nicht mehr um fröhliches Spekulieren oder rechthaberisches Philosophieren. Es geht um meine Zukunft. Das verändert alles. Mit den Worten des amerikanischen Ingenieurs Charles F. Kettering: »Ich interessiere mich deshalb so sehr für die Zukunft, weil ich den Rest meines Lebens darin verbringen werde.«[1] Das gilt erst recht für ein mögliches Leben nach diesem Leben.

Es gibt also zwei verschiedene Ansätze. Der eine zieht sich auf die Position zurück: »Nichts Genaues weiß man nicht.« Die Haltung ist in mancher Hinsicht verständlich, denn angesichts der unterschiedlichen Antworten, die über die Jahrtausende in Philosophien und Religionen gegeben wurden, fühlt sich ein durchschnittlicher Geist naturgemäß überfordert, eine klare Antwort zu finden. Die Haltung ist in anderer Hinsicht auch bequem. Wenn ich der Hauptfrage nach dem ewigen Leben nicht nachgehen muss, kann mir die Detailfrage nach meinem möglichen Einfluss auf dieses ewige Leben egal sein – sie wirkt ja noch spekulativer. Diese Haltung ist aber schließlich auch unbefriedigend. Wenn wir ein Rechteck in einer Wand sehen, könnte es sich um eine Tür handeln. Sich auf die Position zurückzuziehen, dass diese Türe vor meinen Augen noch nie aufgegangen ist, würde der normalen menschlichen Neugierde nicht ausreichen. Wir wollen schon wissen, was hinter dieser Wand liegt. Deshalb legen wir nicht die Hände in den Schoß, sondern fragen, suchen, forschen. Wir versuchen, die Tür zu öffnen. Mit dieser Einstellung sollten wir auch dem Gespräch der Zwillinge lauschen bei ihrem Streit um das »Danach«.

Ohne eine Zukunft ist alles nichts

Halten wir also der Frage stand: Gibt es ein Leben nach dem Tod? In dem kurzen Dialog gehen die Zwillinge auf Themen ein, die sich in Verbindung mit unserer Zukunft stellen. Wenn es ein Jenseits gibt – was ist dann Sinn und Zweck des Diesseits? Können wir überhaupt etwas über diese andere Welt wissen? Was erwartet uns dort? Und wie gehen wir in dieser Welt mit unseren Zweifeln und Unsicherheiten um? Schließlich: Kann man Gott wahrnehmen, so wie ein Fötus seine Mutter wahrnehmen kann?

Vermessen wäre es, auf alle diese Fragen in diesem kleinen Büchlein umfassende Antworten zu versprechen. Aber eine Zusage kann hier gemacht werden: Wir werden uns nicht mit Nebensächlichkeiten befassen. Es wird um uns und unsere Zukunft gehen. Zugegeben: Die Zukunftsfrage ist nicht alles in einem Leben. Aber ohne eine Zukunft ist alles nichts.

Lebenspläne

Ich habe mich in den vergangenen Jahren intensiv mit Fragen der Zeit- und Lebensplanung befasst und dazu mit Freunden zwei recht erfolgreiche Bücher geschrieben. Erfolgreich vermutlich deshalb, weil jeder zumindest hin und wieder einen Schlüssel sucht, wie er das Beste aus seinem Leben machen kann. Die Zeit ist begrenzt, ein Ende sicher, die Spanne zum Gestalten der Restzeit von ungewisser Länge. Wenn mir einer sagt, womit ich heute anfangen muss, um das bestmögliche Leben zu führen, folge ich ihm gerne. Am liebsten will ich natürlich selbst herausfinden, wie ich mich in eine wünschenswerte Zukunft hineinlebe. Doch woran messe ich überhaupt, wie ich das Beste aus meiner Zeit und damit aus meinem Leben mache?

Die eigene Grabrede schreiben

Eine der Expertenregeln zu dieser Frage lautet: Betrachte dein Leben rückwärts gewandt, und zwar vom Sterbebett oder vom Grab aus. Der US-amerikanische Autor Stephen R. Covey etwa empfiehlt in seinem Bestseller »Die sieben Wege zur Effektivität«,[2] heute schon die Reden zu schreiben, die mal bei der eigenen Begräbnisfeier gehalten werden sollen. Was sollen Familienangehörige, Arbeitskollegen, Nachbarn und Menschen aus meiner Gemeinde im Rückblick auf mein Leben an meinem Sarg sagen?

Bei dieser Übung geht es nicht um Eitelkeiten. Es kann uns, wenn wir tot sind, ja eigentlich egal sein, was anlässlich unserer Beerdigung so geredet wird. Es geht vielmehr um einen reinigenden Filter, der nur noch das übrig lässt, was uns wirklich wichtig ist. Er hält die Nebensächlichkeiten zurück und lässt nur noch durch, was uns in unserem Leben wirklich wichtig ist – im Blick auf Karriere und Beziehungen, Gott und die Welt.

Für mich persönlich war diese Übung ein Augenöffner im Blick auf die Beziehung zu meinen Kindern. Ich formulierte Ende der 90er-Jahre eine wunderbare Grabrede, in der meine Kinder sagten, was für ein wundervoller Vater ich doch gewesen bin. Immer hätte ich ihnen gezeigt, dass sie neben meiner Frau die wichtigsten Menschen in meinem Leben sind. Immer hätten sie zu mir kommen können, immer hätte ich mir die notwendige Zeit für sie genommen, darüber hinaus hätten wir unglaublich viel Spaß miteinander gehabt. Mir wären bald selbst Tränen der Rührung gekommen angesichts so netter Worte meiner Kinder am Sarg ihres Vaters.

Nachdem dieser bewegende Text fertiggeschrieben war, analysierte ich meinen Terminkalender der vorangegangenen Wochen und stellte mir verschiedene Szenen unseres Familienlebens vor Augen. Dabei bin ich regelrecht erschrocken. Denn mir wurde auf einen Schlag bewusst, dass meine Kinder absolut keinen Grund hätten, so viele nette Sachen über mich an meinem Grab zu sagen. Im Alltag waren immer andere

Dinge wichtiger. Der Beruf natürlich, manche Freizeitaktivitäten, aber als engagierter Christ auch das ehrenamtliche Engagement. In meiner gelebten Prioritätenliste kamen meine Söhne und Töchter erst sehr viel später.

Diese Übung führte mich zum Umdenken. Ich plante danach meine Zeit deutlich anders und gab Aktivitäten mit unserem Nachwuchs mehr Raum. Die innerfamiliären Beziehungen (die vorher nicht schlecht waren) verbesserten sich noch einmal deutlich. Dass ich heute ein so gutes Verhältnis zu allen meinen Kindern habe, führe ich unter anderem darauf zurück, dass ich vor Jahren einmal meine Grabrede geschrieben habe.

Wenn wir das heute aufschreiben, was uns wirklich für unser Leben wichtig ist, dann können wir auch heute die Weichen stellen, damit man eines Tages an unserem Grab ausreichend Grund haben wird, diese Worte zu finden, die wir uns für unsere Lebensbilanz wünschen. Denn diese Bilanzen ergeben sich ja nicht von selbst, sondern sind zu einem guten Teil Frucht dessen, welche Ziele wir verfolgt und erreicht haben und wie wir anderen Menschen begegnet sind.

Vom Streitpunkt der Zwillinge ausgehend – »Gibt es ein Leben nach der Geburt?« – werden die Grabreden aber nicht reichen, um meinem Leben heute die richtige Richtung zu geben. Denn darin geht es um die Bilanz der Überlebenden, der Zurückgebliebenen. Die noch wichtigere Frage lautet aber: Kann ich heute beeinflussen, wie das Leben nach der Geburt aussehen wird? Dann zieht die Bilanz möglicherweise ein anderer – jemand, der außerhalb unserer Kategorien von Leben und Tod steht.

Geht es um Himmel oder Hölle?

Hier kommen wir in den Bereich der Religion. Praktisch alle Religionen gehen davon aus, dass es nach diesem Leben weitergeht und dass insbesondere mein hiesiges Verhalten das Aussehen dieser neuen Existenz prägen wird. Sei es der Kreislauf der Wiedergeburten in den fernöstlichen Religionen, wo meine guten Taten die Qualität meiner nächsten Lebensform (Inkarnation) bestimmen – einfach gesagt: ob ich als Küchenschabe oder als Königstochter wieder zur Welt komme. Sei es der Islam, der – wie Juden- und Christentum – ein abschließendes Weltgericht erwartet, bei dem der allmächtige Gott gute und böse Werke auf die Waagschale legt und damit zeigt, wohin die Reise geht: in Richtung Himmel oder Hölle.

Diesen Überzeugungen zufolge hängt prinzipiell alles davon ab, wie ich mich in diesem Leben verhalte. Vermutlich werden Sie nicht mit mir darüber streiten, dass bestimmte Alternativen Entscheidungen einfach machen. Lautet die Alternative Himmel oder Hölle, so werden wir – wenn wir bei Sinnen sind – alles daran setzen, in den Himmel zu kommen. Lautet die Alternative Küchenschabe oder Königstochter, werden wir vieles daran setzen, nicht als Ungeziefer wiedergeboren zu werden. Wir wollen das an dieser

Stelle noch nicht vertiefen, aber wir berühren hier einen entscheidenden Punkt.

Wenn einer am Jüngsten Tag nicht auferstehen will ...

Um es noch mal im Klartext zu sagen: Ist es reine Spekulation, ob es ein Leben nach dem Tod gibt, brauchen wir uns darüber nicht groß Gedanken zu machen. Dann können wir das Thema behandeln wie der Preußenkönig Friedrich II., der in seinem Reich auch über kirchliche Dinge zu entscheiden hatte. Eines Tages beschwerte sich eine Kirchengemeinde über ihren Pfarrer, weil der leugnete, dass es eine Auferstehung von den Toten gebe. So einen Pfarrer wollten sie nicht – der König sollte ihn vom Dienst entfernen. Der »aufgeklärte« Herrscher (von dem auch das Zitat stammt, dass jeder nach seiner Fasson selig werden solle) dachte aber gar nicht daran, den ketzerischen Pfarrer seines Amtes zu entheben. Friedrich antwortete der Gemeinde: »Der Pfarrer bleibt. Wenn er am Jüngsten Gericht nicht mit auferstehen will, kann er ruhig liegen bleiben.« Der eine steht auf, der andere bleibt liegen – und wer was am Jüngsten Tag tut, wird die Zukunft zeigen. Das ist, grob gesagt, eine Möglichkeit, auf das Leben nach dem Tod zu blicken. Die andere Möglichkeit ist es, der Frage nachzugehen, welchen Einfluss ein Mensch auf sein Leben nach dem Tod nehmen kann. Die Zwillinge tun das (noch) nicht, weil für sie der Gedanke des »Danach«

an sich schon so ungewöhnlich, so herausfordernd, so gewöhnungsbedürftig ist. Aber sie machen sich immerhin Gedanken, was dann sein wird. Der eine sieht Chancen, jenseits der Gebärmutter mit seinem Leib ganz andere Dinge zu tun. Der andere sieht nur die Begrenzungen und hält deshalb die Spekulationen über das Danach für wenig sinnvoll.

Vom Sinn des Diesseits

»Hier drinnen wachsen wir und werden stark für das, was draußen kommen wird.«

Der Tübinger Medizinprofessor Dietrich Niethammer hat viele Kinder beim Sterben begleitet, darüber berichtet er in diversen Vorträgen und Büchern. Wenn Jungen und Mädchen nachzudenken beginnen, was der Tod bedeutet, kommen ihnen Fragen. Naheliegende Fragen wie die, ob Sterben schwierig ist und ob es wehtun wird. Fragen, wie das Leben nach dem Tod aussehen wird. Aber auch diese Frage, die sehr häufig gestellt wird und die man bei einem Kind vielleicht gar nicht vermutet hätte: »Wird man mich vergessen?«

Niethammer berichtet von einem Jungen, der wusste, dass es bald mit ihm zu Ende sein würde. Er nahm seiner Mutter das Versprechen ab, dass sie das Geld auf seinem Konto dafür verwenden würde, seine Geschwister an Weihnachten zu beschenken. Die Mutter gelobte es. Dann fiel dem Knaben etwas auf: »Mama, wenn du immer für Geschenke Geld von meinem Konto abhebst, dann wird es ja bald leer sein. Ich möchte aber, dass meine Geschwister auch später etwas von mir bekommen.« Die Mutter beruhigte ihn: »Ich werde einfach weiterhin dein Taschengeld auf dein Konto überweisen – dann ist auch immer Geld für Geschenke da.« Das tröstete den Jungen, der bald darauf starb.

Wir wollen nicht vergessen werden

Wir wollen nicht vergessen werden. Manchmal heißt es in Todesanzeigen, dass der weiterlebt, der nicht vergessen wird. Ob das stimmt, mag dahingestellt sein, aber die Aussage trifft ein Grundbedürfnis von uns: Wenn wir sterben, darf es nicht so sein, als hätten wir nie gelebt.

Die alten Römer versuchten, genau diesen Effekt bei Staatsfeinden zu erzielen. Die Gebrandmarkten wurden unter die »damnatio memoriae« gestellt, die Verdammung des Andenkens. Man durfte sich nicht mehr an sie erinnern, ihr Name sollte nicht mehr öffentlich genannt werden. Das Motiv taucht interessanterweise wieder in George Orwells Zukunftsroman »1984« auf. Hier hat die Hauptfigur Winston Smith im totalitären Staat die Aufgabe, als Mitarbeiter im »Ministerium für Wahrheit« die Geschichte in den Zeitungsarchiven umzuschreiben, wenn etwa eine Person in Ungnade gefallen ist. Man soll sich nicht mehr an den Menschen oder einen Vorgang erinnern.

Aber wir wollen, dass man sich an uns erinnert. Es ist uns nicht egal, ob man nach unserem Ableben unserer gedenken wird oder nicht. Ein Leben, das endet, ohne bleibende Spuren zu hinterlassen, scheint den meisten von uns sinnlos. Warum das so ist, lässt sich nicht mit letzter Gewissheit sagen. Eine Deutung ist die Sicht, dass der Mensch auf etwas angelegt ist, das über seine Lebenszeit hinausgeht. Man könnte es Ewigkeit nennen.

Der Liedermacher Konstantin Wecker hat der Frage, was unser irdisches Leben ausmacht, ein paar eindrückliche Zeilen gewidmet:

Und das soll dann alles gewesen sein –
ein Leben ganz ohne den Wind?
Versorgt und verplant und ohne Idee,
was wir wollen und wer wir sind.
Und das soll dann alles gewesen sein –
probieren, studieren, stolzieren,
um unser Versagen dann irgendwann
etwas besser zu interpretieren?
Und das soll dann alles gewesen sein –
Glück und Tränen verflogen?
Einsilbig alles zu Ende gedacht
und um Ewigkeiten betrogen.[3]

Vermutlich sind wir nie zufrieden mit dem, was gewesen ist. Es ist uns nie genug, weil wir nicht wollen, dass es aufhört. Dass sich all unser Denken, Reden und Handeln in nichts auflöst. Wir wollen, dass es einen nachhaltigen Sinn hat, dass wir leben, lieben, auch für Menschen oder eine Sache leiden. »Das soll dann alles gewesen sein?« kann zu einer quälenden Frage werden. Einer der Zwillinge hat auf sein vorgeburtliches Leben eine andere Sicht: »Hier drinnen wachsen wir und werden stark für das, was draußen kommen wird.«

Erwartungen prägen die Gegenwart

Große Ereignisse, die wir erwarten, werfen ihre Schatten in unsere Gegenwart. Oder ihr Licht. Menschen belegen an der Volkshochschule einen Spanisch-Kurs, weil sie für den Sommer eine Südamerikareise planen. Der Marathonläufer zwängt sich in das Korsett von Trainingsplan und Ernährungsdisziplin, um für den internationalen Wettkampf in acht Wochen optimal gerüstet zu sein. Schüler, Azubis und Studenten kämpfen sich durch Jahre des Lernens, um Chancen auf einen Beruf zu haben, der ihnen ein gutes Leben verheißt. Unsere Erwartungen prägen unsere Gegenwart.

Die Lebensgewohnheiten vieler Dauerarbeitsloser und Hartz-IV-Empfänger (nicht aller!) dokumentieren dagegen ihre Erwartungslosigkeit. Sie versuchen, die Tage möglichst schmerzarm zu durchleben. Die erste Tat des Tages ist es, das Fernsehgerät einzuschalten, die letzte, auf den Aus-Knopf zu drücken. Morgen wird nicht anders als heute und insofern besteht auch kein Grund, sich auf morgen vorzubereiten. Umschulung und Weiterbildung unterziehen sich manche nur, um die bezogenen Sozialleistungen nicht zu gefährden.

Niemand sollte dieses Lebensmuster verurteilen, insbesondere Ursache und Wirkung miteinander verwechseln. Wer schon als Kind permanent eine Atmosphäre der Hoffnungslosigkeit einatmet, ist unerfahren in Sachen Leistung, Erfolg und Karriere. Der Gründer des Kinderhilfsprojekts »Arche«, Pastor Bernd Siggelkow, hat in seinen Büchern das deprimierende Milieu beschrieben, das Millionen Kinder alleine in Deutschland hoffnungslos werden lässt.

Hoffnungs- und Erwartungslosigkeit finden sich auch im bürgerlichen Teil der Gesellschaft, aber eben auf höherem Niveau. Wenn wir nicht wissen, worauf wir hinleben, wissen wir letztlich auch nicht, wozu wir leben. Wer Hoffnung auf ein weiteres Leben hat, dessen gegenwärtiges Leben verändert sich.

Das Leben als Vorbereitung auf ein »Danach«

Unsere Erwartungen geben also unserer Gegenwart einen anderen Sinn. So sagt es der Zwilling im Mutterleib: »Hier drinnen wachsen wir und werden stark für das, was draußen kommen wird.« Wachsen und stark werden sind die Beschreibung für den Sinn unseres hiesigen Lebens.

Wachsen wozu? Stark werden wofür?

Der amerikanische Bestsellerautor Rick Warren hat in seinem Buch »Leben mit Vision«, das weltweit über 50 Millionen Mal verkauft wurde, genau auf diese Fragen Antworten gegeben.[4] Er beschreibt die Existenz des Menschen auf diesem Planeten als ein riesiges Trainingslager, das uns auf das Leben der zukünftigen

Welt vorbereitet, und macht das an fünf Punkten fest. Die Leser, die nicht an Gott glauben, bitte ich um etwas Geduld. Schauen Sie sich die fünf Punkte eben etwas distanzierter an, aber versuchen Sie zu verstehen, wie Warren zu seinem Deutungsmuster kommt.

Hier die fünf Punkte.

Erstens:

Wir sind zur Freude Gottes erschaffen. Gott hat sich ein Gegenüber gewünscht und er hat es den Ausführungen im ersten Buch der Bibel zufolge »nach seinem Bilde geschaffen«. Die Freude Gottes liegt nun darin, dass wir in Kommunikation mit ihm treten. Das biblische Wort dafür ist Anbetung. Das beginnt in dieser Welt teilweise recht dürftig: ungeschliffene Worte, Stoßgebete, ärmliche Loblieder. Aber es steigt auch zu Höhen hinauf in großartigen Oratorien oder begeisternden Lobpreiskonzerten. Anbetung ist das Erste, was ein Mensch in dieser Welt lernen soll. Es wird wesentlicher Teil der neuen, ewigen Welt sein.

Zweitens:

Wir sind als Teil von Gottes Familie erschaffen. Wir sollen lernen, wie man Gemeinschaft lebt. Zu den interessantesten Beobachtungen am biblischen Schöpfungsbericht gehört, dass Gott beim Betrachten seiner Werke jedes Mal zu dem Ergebnis kam, dass alles sehr gut sei. Es gibt nur eine einzige Ausnahme. Gott sieht sich den ersten Menschen an und sagt: »Es ist nicht gut, dass der Mensch allein sei...« Dann schafft er Eva, den zweiten Menschen. Wir sind soziale Wesen und müssen lernen, liebevoll miteinander umzugehen. Das hat von Anfang an schlecht geklappt: Schon in der zweiten Generation der Menschheit, bei Kain und Abel, gab es den ersten Mord! Bis heute tun wir uns schwer, Gemeinschaft zu leben. Aber wir sollen es lernen – auch als Vorbereitung auf die zukünftige Welt.

Drittens:

Wir sind geschaffen, um Christus ähnlich zu werden. Gott hat ein Ideal davon, wie ein Mensch leben soll. Dieses Ideal ist Fleisch und Blut geworden in seinem Sohn Jesus Christus, und zwar vollkommen. Wenn wir also auf dem Weg in die Ewigkeit sind, dann sollen wir heute dieser Vollkommenheit nachstreben, wie Jesus selbst in der Bergpredigt sagt (Matthäus 5, Vers 48). Das bedeutet der altertümliche Begriff Jüngerschaft. Menschen gehen gleichsam bei Jesus in die Schule, saugen den Lernstoff auf (Jesus war ein Rabbi, also ein Lehrer) und studieren die Glaubenspraxis ihres Meisters. Dann versuchen sie, alles umzusetzen, was ihnen möglich ist. In der anderen Welt werden sie das auf vollkommene Weise tun.

Viertens:

Wir sind geschaffen, um Gott zu dienen. Anbetung, Gemeinschaft und Jüngerschaft sind nicht genug, wir bekommen auch einen handfesten Auftrag als Mitarbeiter auf der Baustelle Gottes. Es gibt tausenderlei

Weisen, Gott zu dienen. Dem Nächsten dienen, Armut bekämpfen, Kunstwerke schaffen, Geld spenden, Kinder stark machen, Trauernde trösten, Tiere schützen, Schwangeren in Notsituationen helfen, Politik gestalten ... Verstehen müssen wir nur, dass das Leben kein Kaffeekränzchen in einer Kuschelecke ist. Unser Einsatz ist gefragt. In diesem Punkt müssen wir wahrscheinlich auch unsere Jenseitsvorstellungen überprüfen. Das Himmelreich hat viele wunderbare Attribute, aber es ist kein Schlaraffenland, in dem einem die gebratenen Tauben in den Mund fliegen. Auch dort warten Aufgaben, Dienste, Herausforderungen. Insofern muss niemand Angst haben, die Existenz im Jenseits könnte irgendwie langweilig werden.

Fünftens:

Wir sind geschaffen, um andere für ein Leben mit Gott zu gewinnen. Wir haben eine Mission, eine Sendung. Im christlichen Kontext bedeutet das, Menschen auf die Botschaft von Jesus Christus hinzuweisen und zum Glauben an ihn einzuladen. Diese Mission ist sehr umfassend, wie die Missionsgeschichte zeigt. Fast immer geht es um ganzheitliche Hilfe: Krankenstationen und Schulen gibt es nicht selten, bevor eine Kirche gebaut ist. Missionare zeigen den Weg zu einem gesünderen, besseren Leben – und erklären, wie mit göttlicher Hilfe dieses Leben in der Ewigkeit weitergeht. Bei der Mission gibt es übrigens keine Zuschauer – jeder Glaubende ist dazu berufen.

Zugespitzt formuliert: Jeder Mensch ist Missionar – oder Missionsfeld.

Das ist also eine christliche Interpretation zur Frage, was es mit unserem Leben auf dieser Erde auf sich hat. Sie müssen sich dem nicht anschließen. Wenn Sie davon überzeugt sind, dass nach diesem Leben nichts mehr kommt, machen solche Überlegungen keinen Sinn. Wer mit einem »Danach« rechnet, kann dagegen auch dem »Davor« die richtige Richtung geben, wie Pastor Warren schlüssig erläutert.

Nun könnten Warrens fünf Programmpunkte im irdischen Trainingslager dahingehend missverstanden werden, dass unsere diesseitige Existenz keinen besonderen Wert hat und nur die Ewigkeit zählt. So wie ein Sportler in der Regel den großen Wettkampf liebt – die Olympischen Spiele, die Fußball-Weltmeisterschaft –, aber weniger den Weg dorthin in monatelangen, harten Vorbereitungen. Die Sicht der Erde ausschließlich als »Jammertal«, das es möglichst bald zu verlassen gilt, hat es immer wieder einmal in der Theologie gegeben, aber sie greift zu kurz. Die Liedzeile des christlichen Mystikers Gerhard Teerstegen »... die Fleisch und Sinnen pflegen, noch schlechte Pilger sein [sind]« formuliert eine Ablehnung des Irdischen und Leiblichen, wie sie nicht der Stimmung der Bibel entspricht. Dort gibt es Texte, die sich vor Begeisterung für die Schöpfung, die Ordnung des Kosmos und die sinnliche Liebe in dieser Welt überschlagen.[5]

Wer Welten auseinanderreißt …

Das Auseinanderreißen der zwei Welten geht zu weit. Um bei unseren Zwillingen zu bleiben: Die psychologische Forschung hat nachgewiesen, wie sehr die vorgeburtlichen Erfahrungen das nachgeburtliche Leben prägen. Ob sich die Schwangere gesund ernährt oder etwa viel Alkohol trinkt, wirkt sich ebenso auf das Kind aus wie seelische Belastungen, Krankheiten und Erregungszustände der Mutter. Es wäre völlig unsinnig zu behaupten, das Leben vor der Geburt hätte mit dem nach der Geburt nichts zu tun. Man darf sogar sagen, dass die Erfahrungen des Fötus ihren eigenen Wert haben. Was er empfindet, wenn er den Herzschlag oder den Gesang seiner Mutter hört, hat als Erfahrung nicht weniger Bedeutung als das Wiegenlied, mit dem er später in den Schlaf gesungen wird.

Mütter empfinden dieses Leben ihres Kindes vor der Geburt schon sehr viel tiefer. Deshalb nehmen sie auch die Bedrohung für das Leben dieses Kindes sehr stark wahr. Eine Bekannte erwartete ein Kind mit schwerster Behinderung. Die Ärzte wussten, dass es bald nach der Geburt sterben würde. Dennoch entschied sich die Mutter, ihr Kind auszutragen, weil ihr dieses vorgeburtliche Leben zu wertvoll schien, um es vorzeitig zu beenden. Immer mehr Eltern entscheiden sich nach Fehlgeburten, in Gottesdiensten Abschied von ihrem Kind zu nehmen. Manche stellen Gedenksteine auf. Ihr Kind hat gelebt, auch wenn es sich nur sehr kurz im Mutterleib entwickeln konnte. Diese

Eltern kämen nicht auf die Idee, das vorgeburtliche Leben ihrer Tochter oder ihres Sohnes als sinnlos zu betrachten. Es hatte seinen eigenen Wert.

Das Diesseits als Trainingslager

Übertragen heißt das: Auch wenn wir das Diesseits als Vorbereitung auf das Jenseits betrachten, so hat das Diesseits seinen eigenen Sinn. Der Mensch wird hier schon beschenkt, begabt und geliebt. Was er dem Mitmenschen Gutes tut, hat hier schon einen Wert und vielleicht für die zukünftige Welt eine Bedeutung. Jesus Christus spricht ja auch davon, dass keine Wohltat, kein Becher Wasser, den wir einem Bedürftigen reichen, unvergolten bleiben wird.

Wozu leben wir? »Hier drinnen wachsen wir und werden stark für das, was draußen kommen wird«, sagt der Zwilling. Vielleicht hilft uns dieser Gedanke in schwierigen Zeiten, durch die wir uns hindurchbeißen müssen. Das Trainingslager der Leistungssportler ist oft eine harte Zeit der Entsagung, des Verzichts, teilweise auch der körperlichen Schmerzen – um stark zu werden für das, was kommen wird. Um hinterher sagen zu können: Es hat sich gelohnt.

Ahnungslosigkeit macht zu Leugnern

»So einen Unsinn habe ich ja noch nie gehört …«

Jedes Jahr sterben weltweit 90 Millionen Menschen. Sie sterben an Herzversagen und Krebs, an Malaria und Aids, an Hunger und Verfettung, an Überschwemmungen und verseuchtem Trinkwasser. Jeden Tag sterben rund 250 000 Menschen, das sind pro Stunde mehr als 10 000, pro Minute 170, pro Sekunde drei. Sie lesen einen Satz – und wieder sind zwei Hände voll Menschenleben ausgelöscht. Religiöse und Atheisten, Hoffnungsvolle und Hoffnungslose. Müssen Sie bei diesem Gedanken schlucken? Bei diesem Schluckvorgang sind weitere drei Menschen gestorben, ausgelöscht, wegradiert.

Doch die Statistik ist es nicht, die uns beunruhigt. Der Tod einer alten Nomadin der Sahara geht uns nicht nahe, ein bisschen bewegen uns höchstens Geschichten von Kindern, die an läppischen Infektionen und Durchfall sterben. Was uns beunruhigt, ist die Gewissheit, dass es uns selbst treffen wird – und natürlich unsere Lieben. Wir stehen vor Särgen, wir stehen an offenen Gräbern. Und ein düsterer Gedanke schwingt in diesen Momenten immer mit. Eines Tages bist du es selbst, über dem sich der Deckel schließt, der in die Grube hinuntergelassen oder in einem Krematorium in Asche verwandelt wird. Eines Tages bietet dir die verfallende Hülle aus Zellen keinen Wohnraum mehr. Dann ist entweder alles aus (das wäre die billige Variante, etwa für Verbrecher) oder die Seele lebt in einer anderen Form weiter. Diese andere Form des Weiterlebens ist es, die unsere Vorstellungskraft sprengt.

Die Welt da draußen bringt für die Ungeborenen Veränderungen mit sich, die sie sich nicht vorstellen können. Mit dem Mund essen, frei umhergehen, das ist zumindest für den einen Zwilling Unsinn. Die Nabelschnur ist Fessel und Lebensrettung zugleich. Sie versorgt – und sie bindet. Von ihr loszukommen, bedeutet Freiheit, aber auch Lebensgefahr.

Wir belächeln diese Sätze, weil wir es als Geborene besser wissen. Wir genießen das Abgenabeltsein, das Essen, die Freiheit. Ohne die Geburt wären wir gebundene Menschen geblieben.

Das Muster, Unbekanntes und Erfahrungswidriges einfach zu leugnen, wie es der eine Zwilling tut, hat die Menschheit dennoch immer begleitet. Informationen, die wir nicht einordnen können, überfordern uns. Wir übersehen sie, wir verdrängen sie, wir deuten sie um, wir leugnen sie. Menschen sind in allen Generationen und Kulturen daran gescheitert.

Schnee in Afrika, eierlegende Säugetiere

Als im 16. Jahrhundert die Wissenschaftler Nikolaus Kopernikus und Galileo Galilei das Weltbild ihrer Zeit ins Wanken brachten, weil sie nicht in der Erde den Mittelpunkt des Kosmos sahen, sondern in der Sonne, gerieten sie in Konflikt mit einer mächtigen Kirche. Das neue Bild vom Kosmos schien vielen unvorstellbar. Was über Jahrhunderte, vielleicht über Jahrtausende gegolten hatte, sollte auf einmal nicht mehr gültig sein? Heute wissen wir noch mehr, nämlich dass die Sonne lediglich den Mittelpunkt unseres eigenen Sonnensystems darstellt, nicht aber des Kosmos. Wir gehören zur Milchstraße, doch diese »Straße« hat im Größenmaßstab des Universums nicht einmal den Status einer Fußgängerzone. Wir sind eine kleine Ecke in einer unbedeutenden Seitenstraße des Alls. Wir haben in unserem Weltbild buchstäblich die Mitte verloren.

Als Ende des 18. Jahrhunderts europäische Siedler in Australien von einem Säugetier berichteten, das Eier lege – nämlich dem Schnabeltier –, trafen sie auf eine Wand des Unglaubens. Die Zoologen »wussten« ja, dass es ein Wesensmerkmal von Säugetieren ist, lebende Nachkommen zu gebären. Den Nachwuchs austragen und säugen, das definierte die Gattung. Auch hier mussten stählerne Denkblockaden erst mühsam durchschlagen werden, bis anerkannt wurde, dass es wenige Ausnahmen von der Regel gibt.

Als 1848 der schwäbische Missionar und Afrikaforscher Johannes Rebmann mit der Nachricht nach Europa kam, der Berg Kilimandscharo sei so hoch, dass sein Gipfel von einer Schneeschicht bedeckt bleibe, erntete er fast nur Gelächter. Ein Schneeberg im heißen Afrika, das war jenseits der Vorstellungskraft. Es bedurfte erst vieler weiterer Augenzeugen, bis die Berichte von dieser ungewöhnlichen Erhebung im heutigen Tansania allgemein anerkannt waren.

Der Arzt, dem keiner glauben wollte

Wenn Sie nun annehmen, das sei alles Geschichte und wir hätten heute ein sehr viel weiteres Denken, so muss ich Sie enttäuschen. Das Problem ist nur, dass jede Generation ihre eigenen Schwierigkeiten hat, Blockaden zu erkennen. Erinnern Sie sich an den deutschen Krebsforscher Harald zur Hausen, der 2008 den Nobelpreis für Medizin erhalten hat? Seine Leistung ist die Entdeckung, dass Viren Krebs auslösen können. Als er mit dieser Theorie in den 70er-Jahren an die Öffentlichkeit ging, reagierte die Fachwelt ganz überwiegend mit Unverständnis. Bösartige Tumore wurden auf Chemie oder Erbgutveränderungen zurückgeführt, aber nicht auf Viren oder Bakterien. Seinen Kollegen galt zur Hausen in jener Zeit als abwegiger Wissenschaftler, der sich mehr mit seinen Fantasien als mit den knallharten medizinischen Fakten zu befassen schien. Doch der Professor hatte recht. Es dauerte viele Jahre, bis sich die Erkenntnis durchsetzte, dass Gebärmutterhalskrebs häufig dem unseligen Wirken sogenannter Papillomviren entspringt. Was damals auf Unglauben stieß, genießt heute volle Anerkennung. Inzwischen können sich Frauen gegen diese Viren sogar impfen lassen.

Welche Debatten führen wir heute, über die man in ein paar Jahren vielleicht nur noch milde lächelt? Gibt es Leben auf anderen Planeten? Kann dieser Globus mit seinen heute sieben Milliarden Einwohnern auch doppelt oder dreimal so viele Menschen ernähren? Werden in den Industrienationen künftig Roboter die Pflege von Hilfsbedürftigen übernehmen? Kann die Erderwärmung der Menschheit nutzen? Und: Spüren Sie bei diesen Fragen, wie sich in Ihnen die Blockaden aufbauen?

Was, wenn alles ganz anders wäre?

Neue Informationen verunsichern uns, rauben uns die Geborgenheit des abgeschlossenen Weltbildes, machen uns heimatlos. Wir haben Strategien entwickelt, unser Leben und unseren Alltag irgendwie zu bewältigen. Der Angst einflößenden Frage weichen wir dabei aus: Was, wenn alles ganz anders wäre? Auf unser Thema bezogen: Was, wenn unser Leben hier nur ein vergleichsweise kurzes Vorspiel, eine flüchtige Vorbereitung auf das Leben nach dem Tod wäre? Ich höre schon wieder den ersten Zwilling rufen: »So einen Unsinn habe ich ja noch nie gehört!« Eine Abwehrreaktion, die sich aus der Perspektive des Mutterleibs verstehen lässt, wenn sie auch – wie wir als Geborene wissen – nicht besonders intelligent ist.

Ungelöste Rätsel der Evolutionstheorie

Den Gedanken, dass es nach dem Tod weitergeht, lehnen wohl am radikalsten solche Menschen ab, die eine rein materielle Weltsicht haben. Sie begegnen der Vorstellung unsichtbarer Welten radikal skeptisch. Aber auch sie sind sich ihrer Sache nicht immer sicher. Sie machen Beobachtungen, die mit ihren Theorien von der Entstehung und der Entwicklung des Lebens schwer zu vereinbaren sind. Und so entwickeln sie Erklärungsmodelle, die teilweise hoch spekulativen Charakter haben.

Der Populärphilosoph Richard David Precht (»Wer bin ich – und wenn ja wie viele?«) gehört zu den Denkern, die ihrem eigenen Weltbild unbequeme Fragen stellen. Precht argumentiert beispielsweise, dass der Mensch viel zu viel an Gaben und Leistungsvermögen besitzt, als es aus evolutionärer Sicht erforderlich wäre. Die Evolutionstheorie geht ja davon aus, dass das wichtigste Ziel des Lebens ist, die eigene Art zu erhalten. Dazu braucht es vor allem die optimierte Anpassung an die Umwelt. Darwins These vom »Survival of the fittest« heißt ja nicht, dass der Stärkste überlebt, sondern der am besten Angepasste.

Bei dieser Sichtweise ist der Mensch »unnötig« intelligent. Was an Grips und Kreativität im Kopf des homo sapiens steckt, ist weit, weit mehr, als zur Sicherung der Art notwendig wäre. Zur Fortpflanzung und Sicherung der Art ist ein Durchschnitts-Intelligenzquotient von 100 um ein Vielfaches überdimensioniert. Für die gewaltigen geistigen Kapazitäten des Menschen gibt es keine befriedigende Erklärung.

Und der Mensch hat noch weitere »Überflüssigkeiten« zu bieten. Etwa die Liebe. Für das Fortbestehen der Gattung Mensch ist eine Kategorie wie Liebe nicht notwendig. Das Reich der Tiere macht es vor, wo der Begriff Liebe vermutlich generell fehl am Platz ist und allenfalls bei ein paar Säugern in Ansätzen beobachtbar scheint. Warum lieben wir, wenn die Evolution das nicht braucht? Auch in diesem Punkt hat die Wissenschaft außer fantasiereichen Thesen nicht viel zu bieten.

Dasselbe gilt für die Religion. Tiere haben keine – aber fast alle Menschen. Zum Überleben braucht es die Religion nicht. Auch Atheisten können sich erfolgreich fortpflanzen. Und Menschenaffen feiern keine Gottesdienste. Könnte Religion einen anderen Ursprung haben als evolutionäre Zufälligkeiten und Selektionsprozesse? Die Frage nach Gott stellt sich angesichts solcher Beobachtungen ganz neu. Die Ahnung, dass der Friedhof nicht die letzte Station sein könnte, packt uns dann von einer anderen Seite.

»Ich sehe nur, was ich kenne«

In der Kunst gibt es den Spruch »Ich sehe nur, was ich kenne«. Deshalb muss ein Geist kultiviert werden, das Auge geschult, das Gehör verfeinert, damit der Mensch auch Dinge erkennt, die bislang jenseits seines Wahrnehmungshorizontes waren. Der Laie kann über ein Gemälde nur sagen, ob es ihm gefällt oder nicht. Der geschulte Blick bewundert Proportionen, Bildachsen, Farbwahl, Strukturen und findet auch eine Sprache für das künstlerische Geschick. Der Laie kann über eine Mozartsinfonie nur sagen, ob er sie ansprechend findet oder nicht. Der geschulte Hörer verfolgt fasziniert den Einsatz von verschiedenen Instrumenten, Harmoniefolgen, gegenläufigen Melodieführungen, Wechsel von Rhythmen. Dem geschulten Geist eröffnen sich Dimensionen, die dem ungeschulten verschlossen bleiben.

Anschaulich habe ich das vor Jahren selbst erlebt, als ich begann, mich für Vogelstimmen zu interessieren. Mit einem Freund, der auf diesem Gebiet so etwas wie ein Experte ist, streifte ich in den Morgenstunden mit einem Fernglas bewaffnet durch Wiesen und Wälder. Wir hörten Zwitschern, Trällern und Rufen und ordneten den Gesang den Arten zu. So erkannte ich schnell, dass der Eichelhäher ein begabter Nachahmer ist und gerne den Ruf des Mäusebussards imitiert. Ich lernte, dass man einen der lautstärksten Vögel, den Zilpzalp, fast nie zu Gesicht bekommt, weil er ein bisschen scheu und im Federkleid recht unauffällig ist. Nach kurzer Zeit konnte ich auch ohne Fernglas vergleichsweise sicher bestimmen, welche Vogelart im Hintergrund gerade Musik machte.

Die Ahnungslosigkeit versperrt den Blick

Das Interessante daran ist: Plötzlich lebte ich in einer neuen Welt. Ich hörte Vögel von ferne, wusste plötzlich Kolkraben in der Nähe, spähte dem Gesang eines Zaunkönigs nach. Diese Welt war aber gar nicht neu, es hatte sie immer um mich herum gegeben. Nur war ich nicht imstande gewesen, sie zu sehen oder richtig zu hören. Meine Ahnungslosigkeit versperrte mir den Blick für das Leben in meiner Umgebung.

In dieser Situation sind die Zwillinge. Von der anderen Welt wissen sie so gut wie nichts. Aber sie gehen mit diesem Unwissen unterschiedlich um. Der eine überträgt den Ist-Zustand eins zu eins auf das Leben »nach der Geburt« – und muss daran scheitern. Der andere ist vorsichtiger, zurückhaltender, man könnte auch sagen: demütiger. Er versucht, sensibel zu sein für die Möglichkeiten eines Lebens jenseits des Mutterleibes. Er benutzt seine Fantasie, um sich aufgrund der Gegebenheiten bestimmte Optionen auszumalen.

Wenn wir uns vom zweiten Zwilling den Weg weisen lassen, so führt er uns in die Freiheit. Wir haben in dieser Welt wenige Gewissheiten darüber, was nach dem Tod sein wird – aber wir erwarten davon eine der

Geburt vergleichbare Entgrenzung. Vieles, was uns heute bindet, wird danach keine Rolle mehr spielen. Nach der Geburt besteht kein Bedarf mehr für die Nabelschnur – und nach dem Tod hat der verwesende Leichnam keine Funktion mehr.

Andererseits: Schlucken, fühlen, ums Überleben kämpfen – das lernt das Kind schon im Mutterleib. Dieses Können macht es fit für die Zeit nach der Geburt. Unsere Erfahrungen, Erkenntnisse, charakterlichen Eigentümlichkeiten nehmen wir mit in die andere Welt, von der wir so wenig wissen. Ja, wir sind in gewisser Weise alle ahnungslos, zumindest ahnungsarm. Wir wissen nicht, wohin wir gehen. Wir wissen aber mit absoluter Gewissheit, dass wir nicht hierbleiben können. Und wir wären töricht, nur aufgrund unserer Ahnungslosigkeit die Existenz dieser anderen Welt zu leugnen.

Die ganz andere Welt

»... es wird eben alles ganz anders ...«

»Das Ziel allen Lebens ist der Tod«, sagte der Begründer der Psychoanalyse, Sigmund Freud.[6] Der Tod gehört zum Leben, hört man häufig. Ein Allerweltssatz, eine Binsenweisheit – und zumindest im Blick auf eine Spezies eine falsche Aussage. Wussten Sie, dass es tatsächlich ein Tier gibt, das der Unsterblichkeit recht nahekommt? Es handelt sich um einen Süßwasserpolypen mit dem klingenden Namen Hydra. Dieser Polyp kommt sogar in unserer mitteleuropäischen Heimat vor, tummelt sich in Seen, Bächen und anderen Gewässern. Das unscheinbare, wässrige Wesen erreicht eine Körpergröße von nur wenigen Millimetern.

Dieses faszinierende Tierchen hat eine Eigenschaft, die es von anderen Lebewesen unterscheidet. Es kann sich selbst runderneuern. Die Hydra ist permanent damit beschäftigt, alternde oder geschädigte Zellen zu vernichten und sie durch neue zu ersetzen. Und das in einem atemberaubenden Tempo: Wissenschaftler gehen davon aus, dass sich der Polyp alle fünf Tage komplett durch Frischzellen ersetzt. Das heißt: Nach einer knappen Woche sehen wir zwar dasselbe Tier, aber keine einzige Zelle ist noch dieselbe wie Tage zuvor.

Ständig sterben macht unsterblich

Ein Wissenschaftsmagazin[7] hat diese Strategie in dem Satz zusammengefasst: »Ständig sterben macht unsterblich.« Wer permanent seine von Leistungsabbau betroffenen Zellen ersetzen kann, bleibt für immer jung. Das Wesen bleibt das gleiche, die Materie tauscht sich aus. Es soll Labore geben, in denen Hydra-Tierchen aus den 50er-Jahren schwimmen – und sie wirken jung und frisch wie vor Jahrzehnten.

Biologisch gesehen ist die Hydra damit eines der faszinierendsten Lebewesen überhaupt. Alternde Zellen sind ein wesentlicher Faktor, der dem Menschen die Lebenskraft nimmt. Das Herz wird müde, der Kreislauf schwächelt, das Hirn baut ab. Die Abwehr gegen Krankheiten wie Krebs schwindet, der Mensch geht seinem Tod entgegen. Mediziner träumen davon, die Zellenerneuerung beim Menschen anzuregen, um ihm ein längeres und gesünderes Leben zu ermöglichen.

Freilich kann »ewiges Leben« für die Hydra eine recht kurze Zeitspanne sein. Wer Salzsäure in den See kippt oder einen Teich trockenlegt, vernichtet damit die Lebensgrundlage des außergewöhnlichen Polypen. Dann ist auch für ihn Schluss. Die Hydra kommt also nur in den Genuss der Unsterblichkeit, wenn die äußeren Rahmenbedingungen ein bestimmtes Qualitätsniveau nicht unterschreiten. Beim Menschen können diese Bedingungen optimal sein – dennoch lässt sich damit seine Lebensspanne nur um ein paar Jahre verlängern. Ein unbefristetes irdisches Leben ist ihm nicht beschert.

Unsterblichkeit im Blick auf den Menschen hatte deshalb historisch auch immer eine andere Perspektive. Es geht nicht um eine unendlich ausgedehnte Lebensverlängerung in dieser Welt, sondern um eine Antwort auf die Frage: Ist mit dem Tod alles aus? Oder lebt der Mensch danach in irgendeiner anderen Form weiter? Das setzt letztlich voraus, dass es auch eine Lebensform jenseits der sichtbaren Materie gibt. Ein Vergleich aus der Computerwelt kann das vielleicht anschaulich machen. Wenn ich ein Computerprogramm besitze, ist es zunächst einmal egal, ob es sich auf meiner Festplatte, auf einer DVD oder auf einem Daten-Stick befindet. Es ist dasselbe Programm, es sind dieselben Informationen, die lediglich von unterschiedlichen Speichermedien gelesen werden. Ähnlich könnte man sich die Seele vorstellen. Sie ist natürlich komplexer als ein Computerprogramm, aber sie wäre nicht zwingend an den einen menschlichen Leib gebunden. Stirbt dieser Leib, sucht sie sich einen anderen Aufenthaltsort – das ist, vereinfacht gesprochen, die Vorstellung der Menschheit seit ihren Anfängen.

In der Natur verschwindet nichts

Unter den Naturwissenschaftlern gibt es manche, die davon ausgehen, dass mit dem Tod nicht alles aus ist. So sagte der Raketenforscher Wernher von Braun:

»Die Wissenschaft hat festgestellt, dass nichts spurlos verschwinden kann. Die Natur kennt keine Vernichtung, nur Verwandlung. Alles, was Wissenschaft mich lehrte und noch lehrt, stärkt meinen Glauben an ein Fortdauern unserer geistigen Existenz über den Tod hinaus.«[8]

Von dem genialen Physiker Albert Einstein, der bisweilen das klischeehafte Bild des zerstreuten Professors abgab, wird erzählt, dass er sich einmal auf Dienstreise in einem Zug befand. Als der Schaffner den Fahrschein kontrollieren wollte, fing Einstein an, in seinen Unterlagen und Taschen zu wühlen, allerdings ohne Erfolg. Er fand das Billet nicht. Einstein war zu diesem Zeitpunkt aber schon eine Berühmtheit gewesen, weshalb der Schaffner sehr verständnisvoll zu ihm sagte: »Wir alle hier im Zug wissen, wer Sie sind, Herr Professor Einstein. Ich zweifle nicht daran, dass Sie einen Fahrschein gekauft haben. Machen Sie sich keine Gedanken, alles ist in Ordnung.«

Der Schaffner ging weiter, kontrollierte die Scheine anderer Gäste und sah, als er den Waggon verlassen wollte, wie Einstein auf den Knien umherrutschte, um unter seinem Sitz nach dem verlorenen Ticket zu suchen. Also ging der freundliche Bahnbeamte noch einmal zu seinem berühmten Fahrgast zurück und versicherte: »Herr Professor, machen Sie sich doch keine Sorgen. Ich weiß doch, wer Sie sind.« Einstein blickte auf und antwortete: »Ich weiß auch, wer ich bin. Was ich allerdings nicht weiß, ist, wo ich eigentlich hinfahre.«[9]

Ob wir immer wissen, wer wir wirklich sind, darf bezweifelt werden. Dass wir aber darüber rätseln, wohin unsere Reise geht, ist eine Herausforderung, vor der die Menschheit seit jeher steht. Können wir etwas über das Danach wissen? Über das Jenseits? Über das Leben nach dem Tod?

Wohin wird die Reise gehen?

In einem naturwissenschaftlichen Sinn muss man diese Fragen wohl verneinen. Wir können nichts hundertprozentig, vollständig abgesichert wissen. Die Naturwissenschaft würde fordern, dass man experimentell etwas beobachten kann, dass dieses Experiment an anderer Stelle nachgebaut werden kann und dass man bestimmte Erklärungen mit Sicherheit ausschließen kann. Es lässt sich allenfalls von einer Ahnung sprechen, die auch Naturwissenschaftler befallen könnte, wenn sie sich mit dem Thema Nahtod befassen. Den Berichten über Nahtoderlebnisse, bei denen Menschen ihren Körper verlassen und sich distanziert von außen sehen, ist später ein eigener Abschnitt gewidmet. Da diese Menschen aber letztlich nicht gestorben sind, kann ein Naturwissenschaftler ihre Beobachtungen auch nicht als zwingenden Beweis für ein Leben nach dem Tod gelten lassen.

Die Weltbilder wandeln sich. Vor Jahrhunderten gab es in Europa kaum einen »Ungläubigen«, der sein Geschaffensein durch Gott infrage stellte. Das ist heute anders. Eine atheistische Sicht der Dinge ist mehr und mehr an die Stelle des Gottesglaubens getreten. Sie erklärt die Entstehung des Lebens ausschließlich mit natürlichen Prozessen. Von der Entstehung der ersten Zelle in einer »Ursuppe« aus Wasser und lebensnotwendigen chemischen Stoffen über das billiardenfache Wechselspiel der Gene, die sich in einer sich verändernden Umwelt bewähren mussten und damit dem Wesen das Überleben sichern, das sich am besten anpasst.

Ein Großteil der Menschen in der westlichen Welt hält diese Sicht für die wissenschaftliche, die korrekte, die wahre. Über die Konsequenzen denken nur ganz wenige nach. Wenn alles am Reigen der Gene hängt, lösen sich viele Kategorien, in denen wir denken, sehr schnell auf. Können sich Gene schuldig machen? Sind sich verbreitende Erbinformationen nicht immer im Recht? Auch wenn sie von einem Vergewaltiger stammen? Kennt die Evolution »Verantwortung«? Und welche Instanz sollte diese Verantwortung einklagen?

Das sind schwierige Fragen. Als Begleiter des Gesprächs unserer Zwillinge wollen wir ihnen nicht nachgehen, obwohl sie des weiteren Nachdenkens wert sind und sich Philosophen in allen Jahrtausenden die Zähne daran ausgebissen haben. Wir wollen aber eigentlich etwas anderes wissen: Gibt es ein Leben nach der Geburt? Gibt es ein Leben nach dem Tod?

Die Evolution kennt keinen Trost

Die Evolution kennt am Grab keinen Trost. Sie ruft uns in den Hospizen und auf den Friedhöfen achselzuckend zu: »Der Tod gehört zum Leben«. Ja, sie hat das Sterben zu einem ihrer Grundmechanismen erklärt. Was schwach und krank ist, muss verschwinden und dem Platz machen, was stark und gesund ist. Aus dieser Sicht muss der Tod geradezu als ein Triumph des Lebens, nämlich des sich weiter entwickelnden Lebens, gefeiert werden.

Das Gespür der Menschen geht mit dieser Weltsicht nicht einher. Das offene Grab ist eine Ohrfeige, ein Fanal. Ein Mensch mit allem, was er aufgebaut und was ihn gebildet hat, geht in die Verwesung über. Was er gelernt und was er geschaffen hat, was er gefühlt und wen er geliebt hat, das alles soll sich im Nichts verlieren?

Praktisch alle Kulturen besitzen eine Ahnung vom Weiterleben des Menschen nach dem Tod. Ob es der Animismus der einfachen Naturvölker ist, die Verstorbene in Ahnengeistern vermuten, ob es die Wiedergeburtslehre von Buddhisten und Hinduisten ist oder die Überzeugung einer Auferstehung der Toten bei Muslimen, Christen und einem starken Flügel des Judentums. Allen angeblichen naturwissenschaftlichen Evidenzen zum Trotz: Die Ahnung bleibt, dass es ein Danach gibt. Der Philosoph Immanuel Kant schreibt: »Es hat wohl niemals eine rechtschaffene

Seele gelebt, welche den Gedanken hätte ertragen können, dass mit dem Tode alles zu Ende sei.«[10]

Woher kommt der Jenseitsglaube?

Atheisten bauen aber auch die kulturübergreifende Ahnung von einem Weiterexistieren nach dem Tod in ihr System ein. Sie schließen aus der Beobachtung eines weltweit existierenden Jenseitsglaubens, dass dieser Glaube an ein Leben nach dem Tod einen Überlebensvorteil darstellt. Vermutlich sogar einen recht starken Vorteil, sonst hätten sich diese Vorstellungen nicht global durchgesetzt. Aber das ist natürlich nur eine Vermutung, beweisen lässt sie sich nicht. Es lässt sich durchaus auch argumentieren, dass die Vorstellung von einem Weiterexistieren nach dem Tod in so unterschiedlichen Gesellschaften, die sich getrennt voneinander entwickelt haben – Inselbewohner des Südpazifik, Indianervölker Südamerikas, Buschmänner in Südwestafrika –, ein Indiz für eine universale Erkenntnis ist. Die Erkenntnis, dass dem Menschen etwas Unsterbliches innewohnt; dass in sein Herz der Same der Unsterblichkeit gepflanzt ist; dass der Tod immer nur als Übergang, nie als absolutes Ende unserer Existenz begreifbar ist.

Schon sehr alte Kulturen lassen diesen Schluss zu, denn bereits dort finden sich umfangreiche Grabbeigaben. Der oder die Verstorbene ging dem Verständnis nach offenbar auf eine »Reise«, für die allerlei benötigt wurde – von Proviant über Waffen bis hin zu

Schmuck. In Völkern, in denen der Animismus verbreitet ist, stellen sich die Menschen das Weiterleben in der Gestalt eines Geistes vor. Das ist dort oft ein angstbesetztes Thema. Menschen sorgen sich, was sie tun müssen, um solche Totengeister zufriedenzustellen und nicht zu verärgern.

Asiatische Religionen verstehen das Leben als einen ewigen Kreislauf. Wer stirbt, kommt in Gestalt eines anderen Lebewesens wieder zur Welt und die guten bzw. schlechten Taten im irdischen Leben prägen das Niveau des nächsten. Höchstes Ziel ist es dort, aus dem Kreis der Wiedergeburten auszubrechen, denn Leben bedeutet Leiden. Dem Leiden entflieht, wer ins Nirwana eingeht, dessen Leben sozusagen erlischt.

Dass es auch in der ostasiatischen Kultur große Unsicherheiten über das »Danach« gibt, illustriert ein alter Dialog aus Japan:[11]

> *»Meister, gibt es ein Leben nach dem Tod?«*
> *»Das weiß ich nicht.«*
> *»Aber bist du denn nicht der Meister?«*
> *»Ja, aber kein toter Meister.«*

Ein Redner stellte einmal an Kinder die Frage, was zuerst da gewesen sei: das Puppenhaus oder die Welt um dieses Puppenhaus. Die Antwort fiel den Kleinen nicht schwer – natürlich die Welt. Es wäre töricht, diese Welt lediglich aus der beschränkten Puppenhausperspektive zu beurteilen. Und töricht wäre es auch, den Kosmos allein aus unserer irdisch-menschlichen Perspektive zu beurteilen. Unsere Wahrnehmung ist sehr viel begrenzter als die einer Puppe in ihrer Stube.

Ist der Himmel »oben«?

Vielen Menschen geht die Sorge besonders nahe, wo sich die Seele eines Menschen nach seinem Tod befindet. Ist dieser Mensch im »Himmel«? Wabert er als körperloses Wesen durch das Universum? Befindet er sich in einem Zustand der Freude, der Qual oder der Bewusstlosigkeit? Ist Kommunikation mit ihm möglich oder sind die Welten irdischen Lebens und ewiger Existenz strikt getrennt?

Die fernöstlichen Vorstellungen dazu haben wir bereits etwas kennengelernt. Sie gehen davon aus, dass ein Mensch nach seinem Tod als ein anderes Wesen wieder ins Leben tritt – sei es als Tier oder als ein anderer Mensch. Man geht von einem ewigen Kreislauf des Lebens aus, der nur durchbrochen werden kann, wenn man ins Nirwana eintritt – einen Ort, an dem sich die eigene Seele auflöst.

Anders ist die Sicht im Judentum, Christentum und Islam. Hier spielt sich das Leben nach dem Tod außerhalb unserer erfahrbaren Welt ab. Die Toten befinden sich in einer unsichtbaren Welt. Dort warten sie in einem Zwischenzustand. Verbreitet ist der Gedanke, dass sie sich in einer Art Schlaf befinden in einem riesigen Wartesaal im Vorfeld des Jüngsten Gerichts.

Dennoch darf man sich diesen Zustand nicht als kollektive Vollnarkose vorstellen, bis irgendwo ein Hammer klopft und das Gericht beginnt. Denn die »Entschlafenen« – der Begriff weckt eigentlich falsche Bilder – müssen durchaus bei Bewusstsein existieren. Dafür gibt es mehrere Indizien bzw. Geschichten in der Bibel, die das andeuten. Zum einen besteht offenbar die Möglichkeit, Kontakt mit Verstorbenen aufzunehmen. Was bis heute in ominösen spiritistischen Zirkeln praktiziert wird, hat es auch in der Bibel gegeben. Das 1. Buch Samuel berichtet davon, wie König Saul den toten Propheten Samuel anruft, weil er von Gott auf seine Gebete keine Antwort mehr bekommt. Der Verstorbene beschwert sich: »Warum hast du meine Ruhe gestört, dass du mich heraufsteigen lässt?« (1. Samuel 28,15; Luther). Man muss an dieser Stelle ergänzen: Das Heraufbeschwören der Toten ist den Gläubigen eigentlich verboten, es gilt als Verunreinigung und okkulte Praktik, auf die im jüdischen Volk sogar die Todesstrafe stand. Dass ausgerechnet der jüdische König Saul darauf zurückgriff, gilt als ein weiteres Indiz für sein unseliges Ende.

Die Toten schlafen nicht

Eine Geschichte im Neuen Testament berichtet von einem reichen Mann und einem Armen namens Lazarus, der vor dessen Haustüre gebettelt hatte (Lukas-Evangelium, Kapitel 16). Beide sterben – der Arme kommt in den Himmel (»Abrahams Schoß«), der andere in das, was wir vermutlich als Hölle bezeichnen würden. Der leidende Reiche kann sogar mit Abraham kommunizieren und wünscht, dass seine noch lebenden Brüder vor einem falschen Lebensstil gewarnt werden, weil sie sonst ebenfalls in dieser Hölle landen würden. Der Hinweis auf die Brüder macht deutlich, dass die ganze Szene zeitgleich mit unserer irdischen Existenz spielt und nicht irgendwann später nach einem abschließenden Gericht. Demnach sind die Verstorbenen »bei Sinnen«, fähig zu denken und zu reden. Wie es mit dem Handeln aussieht, bleibt unklar.

Fairerweise muss man sagen, dass es – wie in vielen anderen Aussagen der Bibel auch – kein umfassendes Bild von dieser Welt gibt, das uns alle Fragen beantwortet. Die Juden stellten sich den Ort der Verstorbenen als eine Art Unterwelt vor. Paradiesischer werden die Beschreibungen dann im Neuen Testament und ganz am Ende der Bibel, wo sogar davon die Rede ist, dass Gott am Ende der Zeiten den Erlösten alle Tränen abwischen wird (Offenbarung 21,4).

Die ebenfalls verbreitete Idee, ein Verstorbener tauche in Engelsgestalt wieder auf und übernehme sogar fürsorglich Aufgaben für die Hinterbliebenen – etwa als Schutzengel – scheint eher Wunschdenken, als den Berichten der Heiligen Schrift zu entspringen. Die biblische Botschaft lässt sich folgendermaßen zusammenfassen: Menschen kommen nach ihrem Tod in eine Zwischenwelt, die noch nicht das endgültige

Ziel ist, die aber wohl schon manches des endgültigen Gerichts vorwegnimmt. Man erlebt diese Welt bei Bewusstsein und mit der Möglichkeit der Kommunikation, ist aber offenbar in seinem Handeln stark eingeschränkt. Darauf folgt dann ein Endgericht, bei dem ein Mensch nach seinen Taten beurteilt, beziehungsweise verurteilt wird. Die Freigesprochenen gehen in ein Reich der Herrlichkeit ein, die Verdammten in einen Ort der Qual.

Der Islam kennt ebenfalls drastische Beschreibungen der Hölle, die laut Sure 4, Verse 55 und 56 ein »Flammenfeuer« ist. Für die »Ungläubigen« sieht es schlecht aus. Mohammed schreibt über sie: »Sooft ihre Haut verbrannt ist, geben wir ihnen eine andere Haut, damit sie die Strafe auskosten.« Dagegen lockt für jene, die unmittelbar im Einsatz für den Islam gestorben sind, das Paradies (Sure 47, 4-6; die 72 Jungfrauen, die angeblich auf männliche Selbstmordattentäter warten, finden sich allerdings nicht im Koran, sondern nur in der Überlieferung eines Weggefährten Mohammeds). Der Islam geht davon aus, dass sich in diesem Gericht Spreu von Weizen trennt, Gute und Böse in zwei extrem unterschiedlichen Welten weiterleben werden – in Himmel oder Hölle.

Die »Unvernunft« der Trauernden

In unserem Fühlen gehören Tod und Trauer eng zusammen. Gräber sind Orte der Tränen und des seelischen Schmerzes. Das ist so selbstverständlich, dass man eigentlich gar nicht darüber nachdenken muss. In einer Gesellschaft konkurrierender Weltanschauungen könnte man allerdings auf die Idee kommen, das Trauern kritisch zu hinterfragen. Für einen Atheisten mag es ganz andere Gründe für das Trauern geben als für einen gläubigen Menschen.

Fragen wir aus purer Neugierde einmal zugespitzt: Welche vernünftigen Gründe gibt es, über den Tod eines Menschen traurig zu sein? Ich meine nicht unsere Gefühle, unsere Niedergeschlagenheit, unseren Schmerz, wenn ein Mensch, der uns etwas bedeutet, für immer von uns gegangen ist. Ich meine Logik, Verstand und Überlegung. Wenn wir genauer über den Verlust eines Menschen nachdenken – gibt es dann vernünftige Gründe, sein Dahinscheiden zu bedauern? Ungefähr so müssten ja Anhänger einer materialistischen Weltanschauung denken; sie müssten den Tod als ein Naturgesetz akzeptieren wie das Herunterfallen eines Steins infolge der Schwerkraft oder das Untergehen der Sonne infolge der Erdumdrehung. Sich über Naturgesetze zu ärgern oder über ihre Folgen zu trauern, scheint absolut sinnlos. Sterben ist normal: Ein alter, lebensunfähiger Körper hat ausgedient. Er macht Platz für neue, frische Menschen und braucht nicht mehr versorgt zu werden.

Vielleicht fühlen Sie sich durch diese Worte vor den Kopf gestoßen. Meine Ausführungen sind nicht dazu gedacht, auf Ihren Gefühlen herumzutrampeln. Vielmehr möchten sie eine Verbindung herstellen zwischen unseren Gefühlen und unserer Weltanschauung. Denn vielleicht steckt ja in unseren Gefühlen eine Wahrheit, die unser Geist nicht kennt.

Vernünftige Gründe zu trauern? Ich meine, es gibt sie. Aber sie liegen auf einer Ebene, die wir vielleicht zunächst nicht erwartet hätten. Der erste vernünftige Grund ist ein egoistischer: Der Verstorbene fehlt mir. Ich habe von seinem Leben profitiert. Am deutlichsten wird das bei Ehepaaren. In einer einigermaßen intakten Ehe ist das am stärksten zu sehen, denn sie bietet beiden Partnern einen immensen Nutzen. Ansprache statt Einsamkeit, gegenseitige Fürsorge in Krankheit und Krisen, sexuelle Ausgeglichenheit, Stabilität in einer unsicheren Welt. Stirbt ein Partner, ist dem anderen dieser Nutzen genommen. Das ist für den Hinterbliebenen ein vernünftiger Grund zur Traurigkeit – es scheint allerdings nur eine alternative Form des Selbstmitleids zu sein. Ich bedauere mich, weil der andere ging und mich zurückließ. Ob der Tod für den Verstorbenen vielleicht das Beste war, was ihm passieren konnte, spielt dabei keine Rolle.

Wenn Menschen schmerzhaft fehlen

Dieses Motiv lässt sich auch nach außen kehren, wenn ich vor allem deshalb traurig bin, weil der Tote anderen Menschen fehlt. Dann sind es uneigennützige Gründe. Stirbt eine junge Mutter, kann mich das traurig machen. Und das nicht nur, weil ich in die schmerzvollen Augen ihrer Kinder schaue. Klar ist: Sie hätten ihre Mutter bestimmt noch dringend gebraucht. Es kann ein ganzes Volk erschüttern, wenn eine Vorbildfigur stirbt, die der Nation Hoffnung gegeben hatte. Aber auch hier ist es so: Letztlich steht nicht der Verstorbene selbst im Blickpunkt meiner Trauer, sondern andere Menschen.

Etwas provozierend wage ich schließlich die Aussage: Für den Atheisten und Materialisten gibt es über den ersten Punkt hinaus streng genommen überhaupt keinen vernünftigen Grund, traurig zu sein. Wer den Menschen nur als organisierte Materie betrachtet, nimmt schulterzuckend zur Kenntnis, dass beim Verstorbenen die Desorganisation beginnt, der Zerfall. Die Überlebenden müssen eben schauen, wie sie zurechtkommen, so will es die Natur. Trauer mag ein von der Evolution hervorgebrachter Gemütszustand sein, der wahrscheinlich die Überlebenschancen einer Spezies verbessert. Aber im Reich der Tiere gibt es genügend Arten, die ohne jede Form von Trauer beim Verlust eines Weggefährten auskommen. Trauer ist aus diesem atheistischen Blickwinkel gesehen trostlos, sinnlos, ziellos – und das Beste wäre, Strategien anzuwenden, sie gar nicht erst entstehen zu lassen. Denn wenn das Leben auf dieser Erde schon alles ist – warum sollte man sich die wenigen Jahre durch so hässliche Gefühle wie Trauer verderben?

Verstehen Sie mich bitte nicht falsch: Auch Atheisten und Materialisten empfinden Trauer. Gegen Gefühle kann man sich nur schwer wehren, ihre Entstehung ist uns sicher auch teilweise einprogrammiert. Mir geht es darum zu zeigen, dass zwischen unseren

Überzeugungen über das Leben nach dem Tod und unseren Gefühlen beim Tod eines Menschen nicht immer die Verbindung besteht, die vernünftigerweise eigentlich bestehen müsste. Und ich werte es als weiteres Indiz dafür, dass dem Menschen die Sehnsucht nach der Ewigkeit ins Herz gepflanzt ist.

Bedauernswerte Tote – ein provozierender Gedanke

Meine kleine Provokation ist noch nicht zu Ende. Der einzige vernünftige Grund, der den Toten selbst in den Mittelpunkt der Trauer stellt, ist ein theologischer. Wir haben oben beschrieben, dass praktisch alle Religionen einen Zusammenhang sehen zwischen dem, wie wir auf dieser Erde gelebt haben und dem, was uns nach dem Tod erwartet – sei es ein Gericht, das Himmel oder Hölle zuweist; sei es eine Wiedergeburt, die eine freudige oder gequälte Existenz verspricht. Wenn aufgrund des beobachtbaren Lebens klar zu sein scheint, dass ein Mensch nach seinem Tod nichts Gutes zu erwarten hat, gibt es allen Grund traurig zu sein – falls wir zu solcher Empathie in der Lage sind.

Das heißt: Der Tod eines Menschen kann – bei aller Trauer um den Verlust der Beziehung – ein freudiges Ereignis sein, wenn wir für ihn mit einer Verbesserung seiner Lebenssituation in der jenseitigen Welt rechnen. »Mein Mann ist jetzt im Himmel«, sagt eine Witwe zwar mit Tränen, aber doch mit einem Gefühl des Trostes. In Todesanzeigen von Christen findet sich über einen Verstorbenen häufig die Formulierung: »Er darf jetzt schauen, was er geglaubt hat«. Auch das ist Trost und Zuversicht mitten in der Situation des Schmerzes.

Der Tod kann andererseits ein sehr trauriges Ereignis sein, wenn wir von einer Verschlechterung der Lebenssituation des Toten in der jenseitigen Welt ausgehen müssen. Lassen Sie mich das ganz unverschämt zuspitzen: Aus diesem Blickwinkel (und nur aus diesem!) ist der Tod eines Adolf Hitler trauriger als der Tod einer Mutter Teresa. Bei der einen gehen wir aufgrund ihres gläubigen und aufopferungsvollen Lebenswandels davon aus, dass sie eine himmlische Belohnung empfängt. Bei dem anderen müssten wir erwarten, dass er aufgrund seiner grausamen Verbrechen schrecklich bestraft wird. Natürlich würden die meisten sagen, dass er diese Strafe auch verdient hat. Wenn wir jedoch davon ausgehen, dass selbst der allerübelste Verbrecher eine Menschenwürde besitzt, darf dennoch Bedauern darin liegen, dass dieser Mensch aus seinem Leben nichts gemacht hat und nun im Jenseits die Konsequenzen aus seinem verfehlten Leben tragen muss. Ich meine, auch über so etwas darf man traurig sein.

Vielleicht denken Sie einmal darüber nach, wenn Sie wieder einmal an einer Begräbnisfeier teilnehmen. Vielleicht geben Sie sich weniger den Gedanken hin, wie sehr (oder auch wenig) ihnen der verstorbene Mensch fehlen wird. Nehmen sie vielmehr in den

Blick, womit der Verstorbene aufgrund des Lebens, das er geführt hat, wohl nach seinem Tod zu rechnen hat. An diesem Punkt wird noch einmal der Kernpunkt unserer Überlegungen sichtbar: Das Gespräch der Zwillinge erhält dann dramatische Bedeutung, wenn das Leben vor der Geburt über das Leben nach der Geburt entscheidet.

Einmal Tod und zurück

»Es ist noch nie einer zurückgekommen von ›nach der Geburt‹. Mit der Geburt ist das Leben zu Ende.«

Während der amerikanischen Revolution ging es bei General Ethan Allen 1789 ans Sterben. Ein Pfarrer sah das Ende des tapferen Soldaten kommen und versuchte, ihn auf das Unausweichliche vorzubereiten: »Herr General, ich fürchte, die Engel warten schon auf Sie.« Doch der Geistliche hatte nicht mit dem Widerstand des ans Kämpfen gewöhnten Mannes gerechnet. General Allen konterte mürrisch: »So, sie warten schon? Dann lassen wir sie warten!«[12]

Wenn es so einfach wäre. Tatsächlich aber gibt es Situationen, in denen sich nicht so eindeutig erschließt, ob ein Mensch noch lebendig oder schon tot ist. Bestimmt haben Sie schon von sogenannten Nahtoderfahrungen gehört. Erstaunliches berichten vereinzelt Menschen, die diesem Leben eigentlich schon entglitten waren. In ihren Schilderungen taucht das klassische Licht am Ende des Tunnels auf, sie bewegen sich aus dem Dunkel ins angenehme und warme Helle. Oft verlassen sie ihren Körper, blicken gleichsam von außen auf sich, teilweise aus mehreren Metern Distanz. Sie wissen, dass dieser Mensch da unten sie selbst sind, aber sie betrachten ihren toten Leib fast etwas gleichgültig, distanziert. Es sind Augenblicke, die von den später »Zurückgeholten« als friedlich, interessant und wohltuend beschrieben werden. Und es gab schon einige Schwerkranke, die sich hinterher beschwerten, dass man sie nicht in diesem Zustand gelassen hat. Die Wissenschaft rätselt am Phänomen des Nahtodes weiterhin herum. Vieles daran ist mysteriös. Eine atheistische Biologie, die alles danach beurteilt, inwiefern es einem Lebewesen zum besseren Überleben verhilft, steht an dieser Stelle recht ratlos da. Fürs Überleben der Spezies Mensch spielt die Nahtoderfahrung nämlich absolut keine Rolle. Man sollte aus rein biologischer Sicht sogar das Gegenteil erwarten: Dass die Nahtoderfahrung so abstoßend ist, dass sie im sterbenden Menschen noch einmal alle Kräfte mobilisiert, um ins Leben zurückzufinden. Er würde überleben und könnte, wenn er nicht zu alt wäre, noch einmal etwas zur Stärkung und Vermehrung seiner Art tun.

Da Nahtoderfahrungen vergleichsweise selten sind, lassen sie sich schwer erforschen. Eine slowenische Expertengruppe[13] hatte sich darangemacht und 52 Fälle näher untersucht. Den Forschern gelang es, eine Verbindung zwischen Nahtoderfahrungen und einem stark erhöhten Kohlendioxidanteil im Blut festzustellen. Die Interpretation lag für sie nahe, das Ganze zu einer Halluzination aufgrund veränderter Körperchemie zu erklären. Und vielleicht haben sie recht.

Der Tod als »point of no return«

Streng genommen waren die Menschen, die eine Nahtoderfahrung gemacht haben, nicht tot. Wir definieren den Tod ja als den »point of no return«, den Ort ohne Wiederkehr. So wie es beim Start eines Flugzeuges einen Punkt gibt, ab dem es in die Luft gehen muss und nicht mehr abbremsen kann, weil die Piste für den Bremsweg nicht lang genug wäre, so ist der Tod der Punkt, von dem es kein Zurück mehr gibt. Insofern hat der kritische Zwilling im Bauch seiner Mutter recht, wenn er erklärt, es sei noch keiner zurückgekommen »von nach der Geburt«.

Nun gibt es aber auch Berichte von Einzelfällen, die zumindest fraglich machen, ob wir diesen Punkt immer eindeutig identifizieren können. In einem Krankenhaus der ägyptischen Stadt Menufia wachte laut eines Berichts des Deutschen Ärzteblatts 1997 der für tot erklärte Sadar Badawi nach zwölfstündigem Koma in der Kühlhalle wieder auf. Er schob – wie im Gruselfilm – den Deckel beiseite. Als Angestellte des Krankenhauses die Leichenhalle aufsperrten, soll einer der Pfleger einen tödlichen Schock erlitten haben.

Wenn schon Krankenhaus-Experten vor Ort nicht in jedem Fall in der Lage sind, den Tod eines Menschen unzweifelhaft festzustellen, dann können wir das aus der räumlichen und zeitlichen Distanz erst recht nicht tun. Allerdings kennt die Medizin Merkmale des Todes, die zumindest zum Ausstellen eines

Totenscheins ausreichend sind. Neben dem selbstverständlichen Stillstand von Herz und Atmung stellen sich Totenstarre und Leichenflecken ein. Aus jüngster Zeit sind keine protokollierten Fälle bekannt, bei denen diese Merkmale aufgetreten waren und der Mensch dennoch ins Leben zurückkehrte.

Die Geschichte ist indessen nicht ohne solche Beispiele. Wir kennen aus den Berichten über das Leben von Jesus Christus Totenerweckungen. Es sind nicht viele, die das Neue Testament erzählt. Drei, um präzise zu sein. Der erste Fall ist ein Jüngling in einer Stadt namens Nain, einziger Sohn einer Witwe und damit der Ernährer seiner Mutter, der vermutlich einer Krankheit erlegen war. Mit einem einfachen: »Ich sage dir, steh auf!«, erweckte Christus ihn wieder zum Leben (Lukas-Evangelium, Kapitel 7). In der Region war das natürlich eine Sensation, die Botschaft machte sofort die Runde.

Ein Verwesender wird auferweckt

Der zweite Fall ist ein Mädchen, das augenscheinlich ebenfalls Opfer einer Krankheit geworden war.[14] Sein Vater Jaïrus hatte Jesus um Hilfe gebeten, aber er schien zu spät zu kommen. Als Jesus mit Jaïrus auf dem Weg zu dem Kind war, kamen ihnen schon Leute aus dem Haus entgegen. Wenig einfühlsam sagten sie: »Deine Tochter ist gestorben; was bemühst du weiter den Meister?« Jesus tröstete den Vater: »Das Kind ist nicht gestorben, sondern es schläft.« Dafür erntete er nur Spott – die Leute fühlten sich auch vor zweitausend Jahren in der Lage, zwischen Tod und Schlaf zu unterscheiden. Kurz darauf befahl Jesus dem Mädchen aufzustehen – und es erhob sich gesundet von seinem Lager. Mediziner mögen diskutieren, ob wir es in dieser Schilderung mit einer echten Totenerweckung oder der Heilung einer Komatösen zu tun haben – für die Beobachter in jener Zeit war klar, dass hier eine Gestorbene von dem Mann aus Nazareth neu zum Leben erweckt worden war.

Die interessanteste Auferweckung dürfte die des Jesus-Freundes Lazarus gewesen sein. Hier funktionieren nicht einmal mehr Scheintodtheorien, denn Lazarus war bereits begraben gewesen, der Verwesungsprozess hatte massiv eingesetzt. Dies belegen die Worte seiner Schwester Marta: »Herr, inzwischen wird der Gestank schrecklich sein, denn er ist schon seit vier Tagen tot.« (Johannes-Evangelium, Kapitel 11). Jesus zeigt sich von diesen materiellen Vorgängen völlig unbeeindruckt und ruft am Eingang des Grabes: »Lazarus, komm heraus!« – und der Verstorbene erscheint, wie ein Gespenst eingehüllt in Grabtücher – aber lebendig.

Hier wird vorweggenommen, was Jesus schließlich nach seiner Kreuzigung am eigenen Leibe erlebt: Tod, Bestattung und Auferweckung. Das ist wohl die wichtigste Botschaft des Neuen Testaments: Jesus Christus ist von den Toten auferstanden. Damit ist ein neues Leben für alle, die an ihn glauben, möglich. Die erste Gemeinde nannte das *frohe Botschaft*.

Das Rätsel der Auferstehung von Jesus

Der Mensch ist von seiner Geschichte her ein Sammler und ein Jäger. Im Blick auf den Tod jagt er allerdings nicht – er ist selbst der Gejagte. Schon der Prophet Jesaja im Alten Testament kündigte indessen an, dass sich die Situation umkehren wird. Ist es bis heute der Mensch, der vom Tode verschlungen wird, so wird eines Tages Gott selbst den Tod verschlingen. So wenig wir in dieser Welt dem Tod entrinnen können, so wenig wird sich der Tod gegen den allmächtigen Gott durchsetzen können. Er ist seit Ostern, seit der Auferstehung von Jesus, verschlungen.

Über diese Auferstehung von Jesus Christus von den Toten ist in der Literatur über die Jahrhunderte viel geschrieben und gestritten worden. Selbst in der christlichen Theologie gab es Bemühungen, das Auferstehungswunder psychologisch zu erklären. Denn »Jesus lebt« kann man nicht nur vereinzelt als gesprühtes Graffiti oder in Form eines Aufklebers sehen – es ist die Grundüberzeugung vieler Christen, die sich ja auch im Gebet an diesen Auferstandenen wenden.

Ist es nicht ein Skandal, an so etwas zu glauben? Einer, der an den Folgen von Folterung und Kreuzesqual gestorben ist, soll wieder unter den Lebenden sein? Spricht nicht alle Erfahrung dagegen, dass einer zurückkehrt, der schon ins Reich der Toten hinübergegangen ist?

In der Tat ist die Kraft, die von Anfang an vom Christentum ausging, ohne den Auferstehungsglauben nicht zu verstehen. Kritische Theologen wie der Protestant Willi Marxsen haben daraus die Theorie gestrickt, Jesus sei zwar nicht wirklich von den Toten auferstanden, lebe aber in der Gemeinschaft der Christen und ihrer Glaubenspraxis weiter. Dieses Konstrukt soll Gläubige wie Kritiker zufriedenstellen. Die Kritiker finden darin eine akzeptable Erklärung für den offensichtlichen Widerspruch zwischen naturwissenschaftlicher Beobachtung (»tot ist tot«) und dem Auferstehungsglauben der Christen. Die Gläubigen ihrerseits entdecken das geheimnisvolle Wirken des lebendigen Christus in einer anderen, unsichtbaren, geistlichen Form – und dieses lebendige Wirken zählt für viele mehr als die Vorstellung, dass eine wiederbelebte Leiche aus einer muffigen Grabkammer am Stadtrand von Jerusalem herausmarschiert.

Eine andere Erklärung lautet beispielsweise, dass die ersten Christen Opfer einer Massensuggestion geworden seien. Die Kreuzlegung ihres Herrn habe sie so in die Verzweiflung getrieben, dass ihnen die Sehnsucht nach einem lebenden Jesus zur Realität geworden sei. Wieder andere vertraten die Ansicht, die erste Gemeinde habe einen solchen Mythos gebraucht, um zusammenzufinden und sich gleichzeitig abzugrenzen.

Was die Quellen sagen

Man kann über die Realität der Auferstehung akademisch streiten, zum Schluss wird es aber immer eine persönliche Frage. Was bedeutet Ihnen der Satz:

»Jesus ist von den Toten auferstanden«? Religiöser Kinderkram für Grundschüler? Omas spirituelle Märchenstunde? Oder eine Realität, mit der Sie leben? Hatten Sie vielleicht selbst schon eine Erfahrung, die Sie als Begegnung mit dem auferstandenen Christus beschreiben würden?

Ich habe Verständnis für Erklärungsversuche, die dem Wunder der Auferstehung eines Toten die Spitze nehmen – aber sie sind in keiner Hinsicht überzeugend. Machen wir uns zuerst bewusst: Die Jünger und Apostel hatten ja gar nicht damit gerechnet, dass der Verstorbene wiederkommen würde. Sie befanden sich allen Berichten zufolge nicht in freudiger Erwartung des bevorstehenden Wunders, sondern in tiefer Depression. Für sie war das Kreuz ein Fanal. Sie wollten Berichte von der Begegnung mit dem Auferstandenen anfangs selbst nicht glauben. Die Theorie, dass diese bodenständigen Handwerker, die Jesus nachgefolgt waren, einer gemeinsamen Halluzination verfielen, scheint mehr als gewagt – sie wirkt geradezu hilflos.

Ich habe Geschichte studiert und kann nur sagen, dass es wenige Ereignisse in der Antike gibt, die durch die Quellen so gut belegt sind wie die Auferstehung von Jesus Christus. Die Textgattungen, aus denen wir unsere Informationen über Christus speisen, sind gerade nicht religiöse Erbauungsliteratur, sondern seriöse Briefe und Berichte, verfasst von nachdenklichen und teilweise intellektuellen Autoren. Einer von ihnen war ursprünglich sogar ein Jesus-Hasser, der erst durch eine persönliche Begegnung mit dem Auferstandenen umkehrte und dann selbst die Auferstehung predigte. Sein Name war Paulus. Er berichtet, dass es über 500 Augenzeugen gibt, die eine Begegnung mit dem Auferstandenen hatten. Selbst ein moderner Richter könnte sich in einem Indizienprozess dieser Masse von Zeugen nicht einfach widersetzen. Stellen Sie sich vor, sie säßen diesen 500 Zeugen gegenüber. Es würde Ihnen nicht einfallen, diese Gruppe en bloc als Lügner zu bezeichnen.

Das Martyrium für eine Lüge?

Aber selbst wenn wir vom schlimmsten Fall der Fälle ausgehen, dass die Geburtsstunde der Gemeinde auf eine Art Märchen zurückzuführen wäre, so ließe sich der Fortgang des Christentums damit nicht vernünftig erklären. Wie wahrscheinlich ist es denn, dass sich Menschen für eine Lüge hätten foltern und töten lassen, wie es die ersten Christen taten? Erst die Botschaft von der Auferstehung der Toten machte den christlichen Glauben so attraktiv, dass er zu einer Massenbewegung wurde.

An Ostern feiern Christen nicht nur, dass Christus von den Toten auferstanden ist. Sie feiern auch, dass damit ihrer Überzeugung nach die Auferstehung für jeden gläubigen Menschen möglich geworden ist. Exemplarisch hat Jesus drei Menschen auferweckt und ist selbst aus dem Reich der Toten zurückgekehrt. Der so unentrinnbar und allmächtig wirkende Tod wird in seine Schranken gewiesen. Das Leben siegt.

Die Macht, die Jesus Christus dem Tod gegenüber demonstriert hat, setzt sich dann erstaunlicherweise bei seinen Jüngern fort. Der Apostel Petrus erweckt eine verstorbene Christin namens Tabita wieder zum Leben, die sich durch gute Werke und Almosen verdient gemacht hatte (Apostelgeschichte Kapitel 9). Die Menschen in der Stadt Joppe waren tief beeindruckt von diesem Wunder, viele wurden Christen. Eine andere Erweckung geschah durch Paulus, der im dritten Stock eines Hauses so ermüdend gepredigt hatte, dass ein im Fenster sitzender junger Mann einnickte und herausfiel. Paulus widmete sich dem Verunglückten, er »beugte sich über ihn und nahm ihn in die Arme«, wie es in der Bibel heißt – und wenig später kam der Mann quicklebendig wieder ins Haus. Viele seien dadurch getröstet worden (Apostelgeschichte Kapitel 20).

Die Wirkung dieser Auferweckungen durch die Apostel ist: Menschen kommen durch das Wunder zum Glauben, Glaubende werden durch das Wunder ermutigt. Letztlich waren Petrus und Paulus nur einem Wort gehorsam, das Jesus an seine Jünger gerichtet hatte (Matthäus-Evangelium Kapitel 10): »Macht die Kranken gesund, erweckt die Toten zum Leben, heilt die Aussätzigen und treibt böse Geister aus.« In modernen Worten: Tote auferwecken gehört offenbar zumindest in Einzelfällen zum diakonischen und karitativen Geschäft von Christen. Totenerweckungen sind Machtdemonstrationen Gottes.

Gott ist stärker als der Tod

Ist noch nie einer zurückgekommen von »nach dem Tod«? Zugegeben: Viele können es nicht gewesen sein. Aber es hat wohl Einzelfälle im Umfeld von Jesus Christus und auch danach gegeben, die in den historischen Quellen gut belegt sind. Entkräftet wäre damit jenes Argument, dass mit dem Tod in jedem Fall immer alles aus ist. Das sollte die unter uns verunsichern, die sich so sicher wähnen, dass der Tod ausnahmslos der »point of no return« ist. Der Mensch ist möglicherweise durch ein übernatürliches Eingreifen reanimierbar.

Über ein dauerhaftes Leben nach dem Tod ist damit allerdings noch nichts gesagt. Das auferweckte Mädchen und der wiederbelebte Lazarus haben zwar in dieser Welt ihren Atem und Herzschlag wiedergefunden, aber nicht auf Dauer. Irgendwann kam dann doch der Tag, als sie zur Beute des Grabes wurden – Lazarus dann zum zweiten Mal. Von Jesus Christus wird berichtet, dass er 40 Tage nach seiner Auferstehung vor den Augen seiner Jünger in die Luft gehoben wurde und in den Wolken entschwand (daher das kirchliche Fest Christi Himmelfahrt). Auch er behielt nicht den irdisch-leiblichen Status, er wurde offenbar nach seiner Auferstehung von den Toten noch einmal verwandelt.

Deshalb kann der Sinn der Totenerweckungen nicht darin liegen, zu zeigen, dass man durch ein Wunder auf dieser Welt noch ein paar Jahre mehr leben kann, wenn man einmal gestorben ist. Es geht vielmehr darum, eine Macht zu demonstrieren, die stärker ist als der Tod. Besonders wichtig waren solche Demonstrationen, um Zweifler zu gewinnen. Wenn also die Zwillinge sagen, es ist noch nie einer zurückgekommen »von nach der Geburt«, so halten wir dem entgegen: Einzelne sind zurückgekommen aus dem Grab. Es muss eine Macht geben, die Verstorbene dem Grab entreißen kann. Gläubige Menschen nennen diese Macht *Gott*.

Auferstehung des Leibes

Die Auferweckungsberichte sind aus einem weiteren Grund interessant. Sie betonen, dass die Auferstehung der Toten etwas mit dem Leib zu tun hat. Auferstandene erscheinen nicht als körperlose Wesen, sondern in leiblicher Gestalt. Hier müssen wir deutlich mit verschiedenen Bildern und Vorstellungen brechen, die wir aus anderen Quellen haben. In der antiken Philosophie gab es etwa die radikale Trennung von Seele und Leib. Das Leben steckt ausschließlich in der Seele, der Leib ist lediglich die Behausung. Eine im Laufe der Zeit verfallende Hütte, die im Tod vollends abgerissen wird – die Seele muss sich dann ein anderes Domizil suchen. Diese radikale Trennung kennt die Bibel nicht. Dort ist der Mensch immer auch Leib, das gehört zu seinem Wesen. Deshalb ist auch die Auferstehung eines Verstorbenen ohne die Auferweckung seines Leibes nicht zu denken. Und dieser Leib muss erkennbar etwas mit dem irdischen Leib zu tun haben, denn die Menschen sind irgendwie weiterhin identifizierbar.

Das bedeutet nicht, dass man für den Leichnam besondere Fürsorge treffen müsste. Die Praxis der Ägypter, die Körper durch Substanzen als Mumien haltbar zu machen, dürfte der verstorbenen Person nichts bringen. Denn sie wird der biblischen Überlieferung zufolge einen neuen Leib bekommen. Deshalb konnte selbst das Verbrennen von Leichen die ersten Christen nicht irritieren – sie rechneten damit, von Gott nach ihrem Tod einen neuen Leib zu erhalten. Und sie erwarteten gerade nicht, dass das ewige Leben nur eine Art Fortsetzung des irdischen Lebens in einer (möglicherweise reparierten) alten Hülle ist. Vielmehr lebten sie auf eine Verwandlung zu, die ihnen Gott schenken würde (1. Korintherbrief 15, Vers 51).

In der griechischen Sprache des Neuen Testaments gibt es die Fachbegriffe »Auferstehung« oder »Auferweckung« übrigens nicht. Dort orientiert man sich an den einfacheren Wörtern »Aufstehen« und »Aufwecken« – dieselben Wörter, die das Erleben am Morgen eines Tages beschreiben. Hier sind wir wieder beim Bild des Schlafens angelangt, das sich auch später durch die Literatur zieht. In der Bach-Kantate »Ich will den Kreuzstab gerne tragen« heißt es im abschließenden Choral: »Komm, o Tod, Du Schlafes Bruder. Komm und führe mich nur fort.«[15] Diese Zeile hat sogar einem berühmten Roman und Bestseller den Titel gegeben, »Schlafes Bruder« des österreichischen

Schriftstellers Robert Schneider. Aus diesem Gedanken kommt auch die Bezeichnung »Entschlafene« für Verstorbene. Das Bild verdeutlicht: Es wird weitergehen, aus einem Schlaf wacht man wieder auf. Das Leben geht weiter.

Der Glaube an eine »Mutter«

»Von einer Mutter habe ich noch nie etwas bemerkt.«

Eigentlich sind das zwei verschiedene Dinge: der Glaube an ein Leben nach dem Tod – und der Glaube an einen Gott bzw. bestimmende Mächte jenseits unserer Welt. Dass beides »zusammen geglaubt« wird, liegt wohl vor allem daran, dass wir von einem Verursacher ausgehen, der die sichtbare und die unsichtbare Welt, das Leben und den Tod, geschaffen, geregelt, geordnet hat.

Aber vielleicht bietet uns genau diese Unterscheidung auch den Schlüssel dazu, was wir nach diesem Leben zu erwarten haben. Vielleicht ist die entscheidende Frage nicht, *wohin* wir nach diesem Leben gehen, sondern *zu wem*. Die Zukunft ist keine Landschaft, sondern eine Person.

Ein Sterbender bat seinen Arzt, einen leidenschaftlichen Christen, ihm von dem Ort zu erzählen, zu dem er nach seinem Ableben gehen werde. Der Mediziner grübelte ein bisschen, bevor er etwas Kluges von sich geben wollte. Da kratzte es an seiner Tür – und das schien ihm die Antwort. »Hören Sie das?«, fragte er seinen Patienten. »Das ist mein Hund, der kratzt. Ich habe ihn unten gelassen, bevor ich zu Ihnen in Ihr Schlafzimmer hochgekommen bin. Darüber ist er wohl ungeduldig geworden. Er wusste, dass ich irgendwo hier oben bin und folgte meiner Spur und meiner Stimme. Jetzt sitzt er draußen. Er hat keine Ahnung, was sich hinter der Tür verbirgt, weil er noch nie in Ihrem Haus war. Aber das ist ihm auch völlig egal, da er weiß, dass ich hier bin. Befinden Sie sich am Ende Ihres Lebens nicht in der gleichen Situation? Auch wenn Sie nur vage oder überhaupt keine Vorstellungen von dem haben, was sich auf der anderen Seite befindet – sie haben als Christ doch eine Ahnung, wer Sie dort erwartet. Das macht den Unterschied.«[16]

Nun wird manchen Lesern die Gewissheit fehlen, dass auf der anderen Seite der Türe eine Person auf sie wartet. Sie sind voller Zweifel, halten das Nachdenken über das Leben nach dem Tod für spekulativ und sehen auch keinen besonderen Grund, das ohnehin nicht unkomplizierte Diesseits durch Grübeleien über ein ungewisses Jenseits noch stärker zu belasten.

Die Kunst scheint zu sein, die Indizien wahrzunehmen, die auf ein Wirken Gottes in dieser Welt hinweisen. Indizien sind streng genommen keine Beweise, sondern Hinweise. Sie sind Signale, die etwas anzeigen, das aber noch unserer Interpretation und Deutung bedarf. Ja, wir nehmen nur kleinste Ausschnitte vom Wirken Gottes wahr. Wie die Zwillinge im Mutterleib begleitet uns eine Ahnung. Sie hören das Pochen eines großen Herzens, sie spüren einen Fluss von Energie und Wärme um sich her, sie registrieren

Bewegung und hören die Stimme ihrer Mutter, die sie übrigens nach der Geburt nachweislich wiedererkennen. Doch in der dunklen Bauchhöhle haben sie kein Angesicht ihrer Mutter vor Augen und sind mit ihrem Wesen und Denken nicht vertraut. Sie ahnen nicht einmal, in welchem Maß ihr kleines Leben davon abhängt, dass es ihrer Mutter gut geht.

Gott und die Postfrau

Der Philosoph Robert Spaemann vergleicht die Fremdheit des sich offenbarenden Gottes mit der Fremdheit seiner Postfrau.[17] Er weiß, dass es sie gibt und er findet auch immer wieder seine Post vor. Er erkennt sie in einer bestimmten Funktion. Was diese Dame sonst noch bewegt – ob sie zu Hause ein krankes Kind hat, warum sie überhaupt diesen Beruf ergriffen hat, was ihre Lieblingsbeschäftigung ist –, darüber weiß er nichts. Er wäre bei einer persönlichen Begegnung mit ihr vermutlich sogar überrascht und müsste sagen, dass er sich die Dame ganz anders vorgestellt hätte.

So nehmen auch wir nur kleine Fragmente von Gottes Wesen wahr. Wer sich einmal mit den Dimensionen der Schöpfung auseinandergesetzt hat und verstanden hat, dass unser Planet Erde von seiner Größe her nur wie ein tanzendes Staubkorn in der Sahara ist, dem dürfte der Schöpfer eher noch fremder werden. Wer ist dieses Wesen, für den es in Raum und Zeit keine Grenzen zu geben scheint? Wer ist diese »Mutter« des Kosmos, deren Wirken wir an so vielen Stellen wahrnehmen?

Die Natur als solche ist den meisten Menschen bereits ein wesentlicher Hinweis auf den Schöpfer. Ein Sonnenuntergang am Mittelmeer, ein Felsmassiv in den Alpen, das Glücksgefühl des sexuellen Höhepunkts, das Lachen eines Kindes, der Geschmack der frischen Mangofrucht, der Klang einer Mozart-Sinfonie und so vieles mehr verscheucht den Gedanken, dass wir Menschen lediglich das Produkt eines launischen Zufalls sind. In so vielem ist für uns gesorgt, das wir leben und genießen können. In fast allen Kulturen wird an eine göttliche Kraft geglaubt, die in und durch die Schöpfung wirkt. Eine Kraft, die nicht im Detail verstanden wird und erklärt werden könnte. Aber eine Kraft, die unsere Existenz verständlicher macht. Und eine Kraft, die uns ein Gegenüber wird.

Das Geheimnis der Bach-Sonate

Schauen wir uns ein anderes Bild an, das uns die Ahnung von einer »Mutter« vermitteln kann. Einer der größten Komponisten der Geschichte, Johann Sebastian Bach, hat in seine Werke Botschaften hineinverschlüsselt. In einem etwas komplizierten Verfahren wurde jeder Note ein Buchstabe zugeordnet. Die Musikwissenschaftlerin Helga Thoene entdeckte beispielsweise in der Violin-Sonate g-Moll eine Nachricht: Wenn man nach diesem Verschlüsselungssystem (die Experten nennen es *Geomantia*) jeden ersten

Ton eines Taktes mit dem nächsten verknüpft und in die entsprechenden Buchstaben auflöst, steht man vor folgendem Satz: *Ex Deo nascimur, in Christo morimur, per spiritum sanctum reviviscimus.* »Aus Gott werden wir geboren, in Christus sterben wir, durch den heiligen Geist werden wir wieder erweckt.« Eine Glaubensüberzeugung, ein Bekenntnis – eingewebt in ein Notensystem.[18]

Was daran fasziniert: Bachs Musik empfindet auch als schön, wer von diesen kryptografischen Techniken keine Ahnung hat. Dieser musikalische Titan hat Werke geschaffen, die in die Seele sprechen. Unsere Bewunderung für diesen Komponisten wächst jedoch, wenn wir wissen, wie viel Botschaft er zusätzlich in seine Stücke hineingepackt hat. Wer den Zusatzcode entdeckt, staunt umso mehr über die Fertigkeiten von Johann Sebastian Bach.

So kann es uns auch bei der Betrachtung der Schöpfung gehen. Die allermeisten Menschen – ob tiefreligiös oder fundamental atheistisch – können sich der Schönheit dieser Welt nicht entziehen. Ein gigantischer Wasserfall, knallbunte Blumenfelder nach dem Regen in der Wüste, das Spiel von Welpen oder die Geburt des eigenen Kindes – es gibt so vieles, was uns anrührt. Es drängt förmlich danach, von uns beschrieben, bewundert, ja besungen zu werden. Wem aber soll man ein Loblied singen, wenn man an keinen Schöpfer glaubt?

Die Natur als Gottesbeweis

Der intensive, neugierige Blick in die Schöpfung stellt uns immer und immer wieder neu die Gottesfrage. Wer ist der, der alles gemacht hat? Und was hat er mit uns zu tun?

Für Paulus, den wichtigsten Theologen der ersten Christenheit, ist die Natur an sich geradezu ein Gottesbeweis. Er schreibt im ersten Kapitel des Römerbriefs (Verse 20 und 21): »Seit Erschaffung der Welt haben die Menschen die Erde und den Himmel und alles gesehen, was Gott erschaffen hat, und können daran ihn, den unsichtbaren Gott, in seiner ewigen Macht und seinem göttlichen Wesen klar erkennen. Deshalb haben sie keine Entschuldigung dafür, von Gott nichts gewusst zu haben. Obwohl sie von Gott wussten, wollten sie ihn nicht als Gott verehren oder ihm danken.«

Einer der brillantesten Denker seiner Zeit hält uns den Spiegel vor und sagt: Der unsichtbare Gott ist an seiner geschaffenen Welt zu erkennen. Doch damit nicht genug. Paulus leitet aus dem Blick in die Schöpfung ab, dass da einer ist, der unseren Dank und unsere Verehrung verdient hat, ja sie sogar einfordern kann.

Die Logik der Aussage ist: Ein so großartiger Schöpfer kann von seinen Geschöpfen nicht einfach links liegen gelassen werden – das wäre frevelhaft. Wer es dennoch tut, kann dafür keine Entschuldigung geltend machen.

Die Zeilen der vielleicht bekanntesten deutschen Hip-Hop-Gruppe, der »Fantastischen Vier«, lesen sich wie ein Kommentar zu dieser Stelle im Römerbrief:

Ich wollt noch danke sagen, doch
ich lieg im Krankenwagen. Noch
wolln sie mich zwangsbeatmen, doch
bald ist alles aus und vorbei.

Falls sie mich nicht begraben, dann
sollt ich mich wirklich fragen, wann
will ich mal danke sagen, denn
irgendwann ist's aus und vorbei.[19]

Wenn auch von Gott hier nicht die Rede ist, so sucht das Gefühl der Dankbarkeit doch nach einem Adressaten.

Tatsächlich ist die Beobachtung der Schöpfung – ihrer Schönheit, ihrer Ordnung, ihrer Harmonie – schon für viele Menschen ein Anlass gewesen, sich mit der Möglichkeit eines Schöpfers zu befassen. Die Zugänge sind so vielfältig wie die Schöpfung selbst. Die einen befällt Ehrfurcht, wenn sie im Gebirge einen überwältigenden Sternenhimmel beobachten (ein Effekt, der sich übrigens auch in einem guten Planetarium einstellen kann). Andere betrachten die Vielfalt des Lebens – vom Licht erzeugenden Tiefseefisch über den Tanz der Paradiesvögel, vom Navigationssystem der Brieftauben bis zur Jagdgeschwindigkeit eines Geparden – und kommen aus dem Staunen nicht mehr heraus. Wieder anderen scheint die Begabung des Menschen ein unwiderlegbares Indiz für einen Schöpfer. Die Geburt des eigenen Kindes wirkt auf sie wie ein Wunder (und wem sollten sie dafür danken, wenn nicht dem Schöpfer). Zur letzten Gruppe gehört der Liederdichter Christian Fürchtegott Gellert, den die Beobachtung der Schöpfung in Lobpreis ausbrechen lässt:

Der Mensch, ein Leib, den deine Hand
so wunderbar bereitet,
der Mensch, ein Geist, den sein Verstand
dich zu erkennen leitet:
der Mensch, der Schöpfung Ruhm und Preis,
ist sich ein täglicher Beweis
von deiner Güt und Größe.[20]

Ein ähnliches Schöpfungslob spricht der Philosoph Immanuel Kant, wenn er vom »moralischen Gesetz in mir und dem gestirnten Himmel über mir« spricht.

Diese Form der Gotteserkenntnis setzt sich fort in den Künsten. Maler und Bildhauer haben die Gabe, Dinge zu zeigen, die man mit Naturbeobachtung alleine nicht erfahren kann. Manchen flößt die Perfektion von Michelangelo und Leonardo da Vinci Ehrfurcht ein, andere bekommen durch die Verfremdungen eines Pablo Picasso einen neuen Zugang zur sichtbaren wie unsichtbaren Welt. Ähnliches gilt für Künstler des Wortes, die in Texten Gefühle und Erkenntnisse hervorrufen können, die ein Mensch vorher kaum kannte. Und es setzt sich in der Musik fort. Händels »großes Halleluja« aus seinem Oratorium »Der Messias«, aufgeführt in einer Kathedrale, hat vermutlich schon mehr Herzen nach Gott fragen lassen als ein einzelner Prediger. Johann Sebastian Bach wird mit seinem Werk manchmal als der »fünfte Evangelist« bezeichnet. In der Bibel gibt es vier Evangelisten, die das Leben von Jesus Christus zusammengefasst haben – und Bach hat das eben mit Noten getan. Das führte bei dem eigentlich atheistischen rumänischen Philosophen Emil Cioran sogar zu der Aussage, der einzige überzeugende Beweis für die Existenz Gottes sei die Musik Johann Sebastian Bachs.[21]

Das Vorbild von Christen

Hinweise auf die Existenz Gottes können uns auch andere Menschen durch ihre Art zu leben geben. Klemens von Alexandrien, ein Kirchenvater aus dem dritten Jahrhundert, soll einmal gefragt worden sein: »Was tust du, wenn du einen Menschen für Christus gewinnen willst?« Seine Antwort: »Ich lasse ihn ein Jahr in meinem Haus wohnen!«[22] Klemens hatte offenbar das Vertrauen, dass die Kraft, die ihn bewegte, auch für andere Menschen sichtbar würde, wenn sie in seiner Nähe wären. Vielen fällt dazu eine Mutter Teresa ein, deren selbstlosen Einsatz für die Verachteten und Ausgestoßenen Kalkuttas man sich ohne einen Motor namens Gott kaum vorstellen kann. Es gibt aber eigentlich in fast jeder Kirchengemeinde

Menschen, die ihren Glauben so eindrücklich leben, dass ihr Lebensmodell dem Atheisten eine deutliche Anfrage nach der Existenz Gottes sein muss.

Gerade der christliche Altruismus, die hingabevolle Nächstenliebe, ist in der Landschaft der Religionen einzigartig. Er ist evolutionsbiologisch unsinnig, wenn etwa Menschen wie Mutter Teresa im Zölibat leben, auf Fortpflanzung verzichten, dafür aber im Engagement für andere Leib und Leben riskieren. Doch jeder fühlt: Genau dieser selbstlose Einsatz, diese Liebe gibt der Welt ein menschlicheres Gesicht. Diese christliche Überzeugung, dass Gottes Liebe dem Geringsten gilt, gibt Menschen Würde, Selbstwert und Achtung vor sich selbst. So ist es kein Wunder, dass etwa in Indien die Dalits (die »Unberührbaren«, die gesellschaftlich ganz unten stehen) massenhaft Christen werden. Anerkennung und Respekt, die ihnen von ihrer Gesellschaft vorenthalten werden, gewährt ihnen der Glaube an einen Gott, dem die niedrigsten Menschen nicht weniger wichtig sind als die Hochgestellten. In der Liebe anderer Christen erkennen sie, dass Gottes Liebe auch ihnen gilt.

Wenn die Saite der Seligkeit schwingt

Haben Sie solche Erfahrungen gemacht, in denen Sie sich Gott plötzlich näher fühlten? Augenblicke der Erleuchtung, des Hineingenommenseins in einen größeren, vielleicht geradezu kosmischen Zusammenhang? Situationen, die in Ihnen eine Saite der Seligkeit zum Schwingen gebracht haben? Fast alle Menschen können solche Erfahrungen beschreiben – sie interpretieren sie nur unterschiedlich. Das Gefühl, dass da »draußen« mehr ist als der Zufall und dass ein gestaltender Wille das Universum durchdringt, scheint ein globales Erleben zu sein.

Das führt mich zum letzten Punkt, wie Menschen von der Existenz Gottes so überzeugt werden wie ein ungeborener Zwilling von der Existenz einer Mutter. Das Vorleben anderer Menschen bleibt wirkungslos, wenn ich nicht beginne, mich selbst auf die Glaubenspraxis einzulassen. Der Glaube beginnt für manche mit einem »so tun als ob«. Die häufigste Form ist vermutlich das Stoßgebet. Man gerät in eine Krisensituation, einen drohenden Unfall, hat Angst vor einer Operation. Nicht wenige Menschen berichten davon, wie sie in der Not einen unsichtbaren Gott, dem sie bislang nicht gefolgt waren, um Hilfe baten. Oft haben sie dann eine Form von Hilfe erfahren. Zu einem »frommen« Lebenswandel hat sie diese Erfahrung zwar nur selten bewegt – aber sie hat ihr atheistisches Weltbild aufgesprengt. Die Möglichkeit des Jenseits und die Wahrscheinlichkeit der Existenz einer »Mutter« sind für sie nun sehr viel schwieriger abzuweisen.

Ein ähnliches Muster beschreibt die anglikanische Kirche in Großbritannien,[23] die schon seit einigen Jahren studiert, wie Menschen Christen werden, denen dieser Glaube vorher nichts bedeutet hat. Die Experten fassen es unter dem Schlagwort »belonging before believing« zusammen. Das bedeutet: Menschen besuchen teilweise über viele Jahre kirchliche Veranstaltungen – sie gehen in den Gottesdienst, singen im Kirchenchor mit, nehmen vielleicht sogar an einem Hauskreis teil. Aber zum Durchbruch kommt es erst, wenn sie merken, dass sie eigenverantwortlich ihren Glauben leben müssen. Sie gehören schon eine ganze Weile dazu (»belonging«), bevor sie selbst glauben (»believing«). Das ist, wenn man so will, die Umkehrung der Reihenfolge, wie wir sie in der allerersten Christenheit in Jerusalem finden. Damals ging den Zuhörern die Predigt eines Petrus so durchs Herz, dass sie öffentlich bekundeten, nun auch Christen sein zu wollen. Und von da an gehörten sie zur Gemeinde. Heute laufen viele eine lange Zeit – manchmal viele Jahre – in einer Gemeinde mit, bevor sie bekunden, dass sie nun auch Christen sein und diesen Glauben konsequent leben wollen.

Auf Distanz entsteht kein Glaube

Jesus Christus macht die Bereitschaft, sich auf seine Botschaft einzulassen, zur Bedingung der Erkenntnis der Richtigkeit seiner Botschaft. Im Johannes-Evangelium, Kapitel 7, Vers 17, ist dieses Wort von ihm überliefert: »Wer den Willen Gottes tun will, wird erkennen, ob meine Lehre von Gott kommt oder ob ich aus mir selbst heraus rede.« Eine Weltsicht, die auf Distanz bleibt und aus der Distanz für den christlichen Glauben gewonnen werden will, hat offenbar keine

Chance. Einer Weltsicht, die bereit ist, sich zumindest zaghaft auf die Botschaft von Jesus Christus einzulassen, sind dagegen ganz neue Erkenntnisse verheißen.

Die ungeborenen Zwillinge streiten um die Existenz einer Mutter. Keiner der beiden kann den ultimativen, zwingenden Beweis antreten. Der eine sieht die Welt mit klaren Prämissen: »Von einer Mutter habe ich noch nie etwas bemerkt. Also gibt es sie auch nicht.« Der andere ist bereit, sich auf die Möglichkeit ihrer Existenz einzulassen – und interpretiert seine Erfahrungen entsprechend anders. Für den ersten sind die Geräusche und Bewegungen, die er wahrnimmt, nicht analysierbar. Für den anderen sind es Hinweise auf die Stimme der Mutter und ihre streichelnde Hand.

Was glauben wir wirklich?

Über die Kunst des Sterbens

Drei ältere Männer unterhalten sich über Todesanzeigen. Schnell ist man bei der Frage: Was soll eigentlich in deiner Todesanzeige einmal stehen? Einer kurzen nachdenklichen Pause folgt der Wunsch des ersten Mannes: »Über mich soll gesagt werden: ›Er war ein großer Menschenfreund, der sich für das Gemeinwohl eingesetzt hat.‹« Die beiden anderen schauen ihn respektvoll an, dann fasst sich der zweite ein Herz: »Über mich soll man einmal sagen: ›Er war ein großartiger Ehemann und Vater, der vielen zum Vorbild geworden ist.‹« Zustimmendes Nicken der beiden anderen. Der dritte schließlich gibt ebenfalls seinen Wunschtext preis: »Über mich sollen sie sagen, wenn ich sterbe: ›Schaut, er zieht um.‹«[24]

Was für eine Gewissheit, was für eine Gelassenheit. Ich kenne Menschen, die so gestorben sind. Das altertümliche Wort vom »Heimgehen« wurde in ihrem Ableben sichtbar. Voller Freude schauten sie nach vorn im festen Vertrauen, dem sichtbar zu begegnen, dem sie in ihrem Leben trotz seiner unsichtbaren Gestalt gefolgt waren.

Was soll einmal auf Ihrem Grabstein stehen?

Im Mittelalter entwickelte sich die »ars moriendi«, die Kunst des Sterbens. Schriften versuchten, die Menschen zu lehren, wie sie sich als Christen auf den

Tod vorbereiten könnten, um danach in den Himmel zu kommen. Der katholische Theologe Romano Guardini bedauerte den Verlust der »Kunst des Sterbens«. Er sah im Tod nicht nur den Fluch der Sünde und den Abgrund ins Nichts, sondern die Vollendung des irdischen Lebens, dem ein besseres folgen soll.

Die Mentalität der mittelalterlichen Menschen zum Thema Tod steht in krassem Gegensatz zur modernen Mentalität. Aktuelle Untersuchungen zur Frage, wie Menschen sterben möchten, belegen, dass eine große Mehrheit – bis zu 80 Prozent – für sich einen schnellen, plötzlichen, unerwarteten Tod wünscht. Nur eine Minderheit möchte sich darauf vorbereiten.

Menschen wollen schneller sterben

Das ist verständlich. Wir fürchten uns vor langem Leiden, vor endlosen Wochen und Monaten in Kliniken, vor Nadeln, Sonden, sinnlosen Operationen. Lieber ein Ende mit Schrecken als ein Schrecken ohne Ende. Und wenn wir nichts danach erwarten, scheint es geradezu vernünftig, eilends zum Schluss zu kommen.

Haben Sie einmal intensiv darüber nachgedacht, wie Sie sterben möchten? Gehören Sie auch zu denen, die überraschend aus diesem Leben gerissen werden wollen? Das würde indirekt bedeuten, dass Sie letztlich bereit wären, auch jetzt abzutreten. Wer keine Vorbereitung fürs Sterben braucht, dem müsste in gewisser Weise jeder Todeszeitpunkt recht sein. Wenn Sie also wüssten, dass heute noch Schluss wäre – gäbe es da Dinge, die sie in jedem Fall noch regeln wollten?

Die Menschen des Mittelalters hatten Angst, ohne die Sakramente der Kirche aus dieser Welt treten zu müssen. Die Sakramente waren für sie gleichbedeutend mit der Vergebung ihrer Sünden. Sie fürchteten sich davor, zur Hölle zu fahren, weil sie die heilbringenden Mittel der Kirche nicht mehr in Anspruch nehmen konnten. Das ging übrigens über das Mittelalter hinaus. Auch vom Reformator Martin Luther (1483–1546) haben wir einen »Sermon von der Bereitung zum Sterben«.[25] Darin spielt auch das finale Bekenntnis der Sünden eine Rolle.

Luther hätte übrigens das Vorwort zu unserem Buch schreiben können, denn in diesem Sermon steht folgender Satz: »Obwohl der Himmel und die Welt, darin wir jetzt leben, als groß und weit angesehen werden, so ist es doch alles gegen den zukünftigen Himmel so viel enger und kleiner, wie es der Mutter Leib gegen diesen Himmel ist. Darum heißt der lieben Heiligen Sterben eine neue Geburt ...«

Im Sterben zeigt sich, was das tatsächliche Fundament unseres Lebens ist. »Zeige mir, wie du stirbst – und ich sage dir, was du glaubst« könnte man formulieren, wenn es einem die Demut nicht verböte. Schließlich ist der Autor dieser Zeilen bislang ebenso wenig gestorben wie seine Leser. Aber es scheint mir außer Zweifel: Unser Sterben wird zum Echtheitstest unserer Philosophie, unseres Glaubens, unserer Überzeugungen.

Der amerikanische Profigolfer Paul Azinger stand mit 33 Jahren auf dem Höhepunkt seiner Karriere, hatte die wichtigsten Turniere gewonnen, war 1987 bereits zum »Spieler des Jahres« gewählt worden. 1994 bekam er Krebs. Die furchterregende Krankheit wirkte auf ihn wie ein Weckruf. Er schreibt: »Ein Gefühl der Angst überkam mich. Ich könnte an Krebs sterben. Dann traf mich eine andere Erkenntnis wie ein Schlag: Ich werde sowieso sterben, ob nun an Krebs oder an sonst etwas. Es ist nur eine Zeitfrage. Golf wurde plötzlich bedeutungslos für mich. Alles was ich tun wollte, war: leben!«

In diesen finsteren Stunden erinnerte er sich an das Wort eines Seelsorgers, der sich um Profigolfer kümmerte. Der hatte ihm gesagt: »Wir sind nicht Menschen im Reich der Lebenden, die ins Reich der Sterbenden gehen. Wir sind Menschen im Reich der Sterbenden und versuchen, das Reich der Lebenden zu erreichen.«

Mit ärztlicher Hilfe, Chemotherapie und anderer Unterstützung besiegte Azinger den Krebs. Er kehrte in den professionellen Golfsport zurück. Dennoch war er nicht mehr derselbe. Er schreibt: »Ich habe viel Geld verdient, seit ich als Golfer unterwegs bin. Ich habe eine Menge Turniere gewonnen. Doch Glück ist immer zeitlich begrenzt. Der einzige Weg, auf dem ich jemals wahre Zufriedenheit erlangt habe, ist meine persönliche Beziehung zu Jesus Christus. Ich sage nicht, dass mir nichts etwas anhaben könnte oder ich ohne Probleme lebte, doch ich habe eine Antwort gefunden – eine Antwort auf das ein Meter achtzig große Loch im Boden.«[26]

Der Tod tanzt mit jedem

Ob Krankheit oder Gesundheit, Reichtum oder Armut – der Tod ist nur eine Frage der Zeit. Der Tod ist eine sichere Karte. Er kommt sicherer als das Amen in der Kirche. Wegschauen, Missachten, Verdrängen bringt nichts, er kommt trotzdem. Wir können im dunklen Wald pfeifen und im finsteren Keller singen, den Tod hält das nicht ab.

Was mich im Leben der Menschheit und in meinem eigenen Leben irritiert, ist die Beobachtung, wie wenig Einfluss die Gewissheit des Todes auf unser Wertesystem und unseren Alltag hat. Am deutlichsten wird das bei Gedankenexperimenten der Art: »Wenn ich nur noch einen Monat zu leben hätte, würde ich ...« Ja, was würde ich dann? Würde ich mich in diesen vier Wochen hauptsächlich darum kümmern, wie ich noch etwas mehr Geld verdienen könnte? Würde ich die Videothek plündern, um mir noch schnell alle Filme anzuschauen, die ich vor meinem Tod gesehen haben wollte? Würde ich durch möglichst viele Betten toben, um sexuelle Defizite aufzuholen?

Als ein bekannter Millionär der Stadt starb, machte die Nachricht sofort die Runde. Am Stammtisch fragte einer den anderen: »Sag mal, wie viel Geld hat der Mann eigentlich zurückgelassen?« Antwort: »Er hat alles zurückgelassen.« Genau das gilt für uns auch. Wir werden alles zurücklassen. Unser Haus, unser Pferd, unser Segelboot, unseren Flachbildfernseher. Wer weniger hat, lässt eben weniger zurück.

Ein weiteres Bild haben uns die Menschen des Mittelalters überliefert, um die Macht des Todes zu demonstrieren. Es handelt sich um Bilder vom sogenannten Totentanz. In einigen Kirchen sind solche Bilder oder Zyklen zu finden. Der Tod wird darin zu einer Person, dargestellt als Skelett oder schrumpelige Leiche. In grotesken Szenen mischen sich Figuren des Todes mitten in die Gesellschaft. Wichtig war den Künstlern die Botschaft: Der Tod tanzt mit allen. Zum Reigen gesellen sich Papst und König, Bürger und Bauer, Jungfrau und Kind. Berühmte Totentänze gibt es etwa in der Lübecker Marienkirche oder in der Nikolaikirche von Tallin. Auch in zahllosen Wandmalereien und Buchillustrationen findet sich dieses Motiv. Die Menschen sollten auf vielfältige Weise mit der Gegenwart des Todes konfrontiert werden. Und sie sollten nie vergessen: Der Tod holt sich nicht nur die Alten und Kranken, sondern in Einzelfällen auch die Jungen und Gesunden. Jeder wird zum Tanz aufgefordert!

Stand man schon im Mittelalter in der Versuchung, die letzten Dinge zu verdrängen, so haben wir es heute darin zur Meisterschaft gebracht. An Ablenkung herrscht kein Mangel. Der Tod verschwindet hinter Krankenhaustüren und Altenheimpforten. Es gibt viele Zeitgenossen, die noch nie in der Gegenwart eines Sterbenden waren. Tote haben sie im Fernsehen gesehen, aber sie haben ihnen nie unmittelbar in die Augen geblickt. Das heißt nicht, dass der Tod ein Tabuthema wäre, über das man nicht reden und schreiben könnte. Tatsächlich wird viel darüber geredet und geschrieben. Und doch scheint es mir immer ein wenig distanziert zu sein. Der Tod trifft die anderen, nicht mich. Wir bringen es fertig, über Begräbnisarten zu diskutieren (Erdbestattung oder Feuerbestattung) und verschiedene Spielarten der Friedhofskultur zu erörtern. Aber es ist nie unser Begräbnis und nie unser Grabstein. Der Tod trifft immer die anderen.

Der Tod stellt uns auf brutale und unbarmherzige Weise immer und immer wieder die Frage: Was sind deine Werte? Was ist dir wirklich wichtig in deinem Leben? Hier zählen nicht die Lippenbekenntnisse, auch nicht fromme Floskeln oder humanitäre Phrasen. Hier zählt nur, was beim Kassensturz herauskommt. Wie ich meine Zeit verbringe und wofür ich mein Geld ausgebe – das ist wichtig in meinem Leben.

Die Kunst des Sterbens hat der englische Schriftsteller Gilbert Keith Chesterton, Erfinder des legendären Detektivs Pater Brown, in einem Satz gebündelt: »Der Fall ist klar – es geht um Licht oder Dunkelheit, und jeder muss sich entscheiden, wo er steht.«[27]

Welchen Glauben brauchen wir?

Der Tod und die Religion sind verbandelt. Das denken zumindest viele. Böse formuliert: Die Religion profitiert vom Tod. Die Dunkelheit und die Ungewissheit über das Danach treibt Menschen in die Arme von Priestern, Predigern und Propheten, die Aussagen darüber machen, was danach kommt und was wir deshalb heute tun müssen. Todesangst macht fromm.

Aber das ist nur die halbe Wahrheit. Die religiös wirkende Mahnung »Memento mori« – »Bedenke, dass du sterben musst« – hing in der Antike nicht nur in der Kirche, sondern auch im Bordell. Den Sex und Vergnügen Suchenden sollte die Parole anspornen, keinen Genuss auszulassen, da der Tod nahe sei und es dann mit den Vergnügungen ein Ende habe. In diesem Punkt hat sich seit der Antike nicht viel verändert. Wie viele Menschen lechzen verzweifelt nach dem ultimativen Kick, wollen alles ausprobieren und haben in der Multioptionsgesellschaft ständig Angst, beim Genuss von etwas Gutem etwas noch Besseres zu verpassen. Wie viele verzichten etwa auf die Ehe, weil in ihnen der Gedanke herrscht, dass der augenblickliche Lebenspartner nicht perfekt ist und sich vielleicht noch etwas Befriedigenderes findet. »Memento mori – du hast nur dieses eine Leben, nach dem Tod ist alles aus –, also nimm dir, was du kriegen kannst!«

Es dürfte viele verblüffen, dass der Apostel Paulus in der Bibel für diese eben beschriebene Mentalität sehr viel Verständnis hat. Er findet sie sogar vernünftig – vorausgesetzt, es gibt kein Jenseits und kein Leben nach dem Tod. In seinem Brief an die Korinther schreibt er: »Wenn es keine Auferstehung gibt, dann ›lasst uns Feste feiern und uns betrinken, denn morgen sterben wir!‹« (1. Korintherbrief 15, Vers 32). Was könnte es dann mehr geben, als nach möglichst viel Genuss ins Grab zu sinken? Wozu sich schinden? Wozu sich aufopfern? Wozu verzichten? Wozu tugendhaft leben? Wenn alles aus ist, ist alles aus. Moralische Debatten sind nett, ethische Appelle an einen »verantwortlichen Lebensstil« gut gemeint – aber vor wem muss ich überhaupt Rechenschaft ablegen, wenn nach dem Tode nichts mehr kommt?

Paulus und das Lustprinzip

Paulus bringt diesen Gedanken schonungslos in die Debatte. Selbstverständlich vertritt er selbst diese Lebensphilosophie nicht, weil er ja von der Auferstehung überzeugt ist. Aber er denkt die Alternative, es gebe kein Leben nach dem Tod, konsequent zu Ende. Und das auch im Blick auf seine Mission, für die er unter unsäglichen Opfern und Risiken im ganzen Mittelmeerraum unterwegs war. Im selben Kapitel schreibt er den Korinthern: »Wenn der Glaube an Christus nur für dieses Leben Hoffnung gibt, sind wir die elendesten Menschen auf der Welt.« Im Klartext: Schön blöd, wer sich für Glaube und Religion in dieser Welt einsetzt, wenn es nach dem Tod doch nicht weitergeht. Genauso sehen übrigens viele Atheisten auf religiöse Menschen herab – und das ist aus ihrer Perspektive auch verständlich. Von dem südamerikanischen Freiheitskämpfer Simon Bolivar (der Staat Bolivien führt seinen Namen auf ihn zurück) ist als letztes Wort übermittelt: »Christus, Don Quichotte und ich – das sind die drei größten Dummköpfe, die es gegeben hat.«[28] Er meinte damit den Kampf für Dinge, die sich nicht erreichen lassen.

Der Apostel Paulus zeigte radikal die Konsequenzen auf, die einträfen, wäre Jesus Christus nicht von den Toten auferstanden. Das ist für ihn die Nadelspitze, auf der das ganze Evangelium steht. Wäre Christus nicht auferstanden, so wäre alles umsonst. Seine Predigt wäre Unsinn, sein Glaube nutzlos, die Vergebung der Sünden eine Illusion, die Hoffnung auf ein ewiges Leben nicht mehr als eine Fata Morgana.

Ein um die Ewigkeit beraubtes Christentum lässt sich nicht auf einen moralischen Kern reduzieren, es zerplatzt wie eine Seifenblase. Wenn es keine Auferstehung gäbe, hätten Christen buchstäblich nichts zu sagen. Das tut sicher manchen weh, die den modellhaften Lebensstil von Jesus bewundern und als Vorbild für das Zusammenleben von Menschen und Religionen werten. Es tut denen weh, für die das Wichtigste an der christlichen Botschaft die Begründung der Menschenwürde ist. Paulus könnte diese Diskussionen nur mit Kopfschütteln begleiten. Denn das moralische Vorbild und die gewinnenden Regeln des Zusammenlebens erscheinen ihm lediglich sinnvoll, wenn mit dem Tode *nicht* alles aus ist.

Glauben ohne Auferstehung lohnt nicht

Kann man Christ sein, ohne an die Auferstehung der Toten zu glauben? Wenn wir die Quellen ernst nehmen, so müssen wir mit einem klaren Nein antworten. Jesus weist an mehreren Stellen entschieden darauf hin, dass Gott nicht ein Gott der Toten ist, sondern der Lebenden. Und das wird ausdrücklich auch auf Menschen bezogen, die bereits verstorben sind, nämlich auf Abraham, Isaak und Jakob. Dem Christentum fehlt ohne den Auferstehungsglauben das Eigentliche. Der Theologe Romano Guardini schreibt, dass das, was vom Christentum ohne die Auferstehung übrig bleibt, »keinen Glauben mehr lohnt«.[29]

Spätestens hier wird unser Vergleich mit den Zwillingen und dem »Leben nach der Geburt« etwas schief. Denn ob es ein Leben außerhalb des Mutterleibes gibt, können die beiden letztlich nur abwarten. Auf ihr vorgeburtliches Leben hat es wohl keine Auswirkungen. Allenfalls der Geburtsvorgang selbst könnte davon geprägt werden. Hofft das Kind, dass es nach dem beängstigenden Geburtsstress gut weitergeht, kann es die Strapazen vielleicht leichter wegstecken als bei dem Gedanken, dass in wenigen Sekunden alles aus ist. Aber das ist nun Spekulation. Keine Spekulation ist die

Beobachtung, dass manche Menschen leichter sterben, weil sie voll freudiger Erwartung auf das Danach sind.

Wenn unser Tod der Echtheitstest für das ist, was wir glauben – was sollten wir dann glauben, um auf den Tod bestens vorbereitet zu sein? Wichtiger als eine schnelle Antwort auf diese Frage ist, dass wir uns überhaupt der Frage stellen. Wir sind Meister im Verdrängen. Der Tod ist für später, nicht für heute. Heute leben wir. Was später sein wird, das findet sich schon, denken wir gern.

Ein reicher Kaufmann in Bagdad schickte eines Tages seinen Diener auf den Markt. Der kam voller Angst und Zittern vom Basar zurück und sagte: »Herr, auf dem Markt sah ich einen Fremden, der mich beunruhigte. Ich blickte ihn an und erkannte, dass es der Tod war! Er hob die Hand mit drohender Geste und wendete sich ab. In meiner großen Angst bitte ich Euch nun, Herr: Gebt mir ein Pferd, damit ich sofort nach Samarra reiten kann. Ich will möglichst weit weg sein, um vor dem Tod zu fliehen.«

Der Kaufmann erhörte die Bitte seines treuen Dieners und gab ihm sein schnellstes Pferd. Ohne zu zögern, schwang sich der Diener auf das Tier und stob im wildesten Galopp davon.

Später am Tag ging der Kaufmann selbst zum Basar, da er noch etwas zu erledigen hatte. Zu seiner Überraschung sah auch er dort den Tod in der Menge der Menschen. Er ging unerschrocken auf ihn zu: »Du hast heute morgen meinem Diener gedroht. Was hatte das zu bedeuten?«

Der Tod schüttelte das Haupt: »Keineswegs habe ich deinem Diener gedroht. Vielmehr war meine Geste Ausdruck des Erstaunens, ihn hier auf dem Basar zu treffen. Man hatte mir nämlich gesagt, dass ich ihn heute Abend in Samarra holen sollte.«

Manchmal ist der Tod nicht später, sondern heute. Manche Menschen werden in ihren 50ern durch einen Herzinfarkt ins Jenseits befördert. Andere bekommen Krankheiten, die sie in atemberaubender Geschwindigkeit ans Bett fesseln und kurz darauf ins Grab bringen. Die Zeitungen sind voll davon, auch bei den Todesanzeigen. »Viel zu früh ...« beginnen viele (obwohl das von einem fragwürdigen Maßstab ausgeht, denn welche Todesanzeige könnte schon mit den Worten anfangen: »Gerade rechtzeitig ...«).

Dass wir mit dem Tod nicht ernsthaft rechnen, lässt sich auch daran festmachen, wie wenig Vorsorge wir betreiben. Damit meine ich nicht die Lebensversicherung, die vermutlich deshalb so verbreitet ist, weil sie auch eine Kapitalanlage darstellt. Damit meine ich zum Beispiel Betreuungsvollmachten. Obwohl vielen bekannt ist, dass sie von heute auf morgen in einen Zustand verfallen können, in dem sie nicht entscheidungsfähig sind und andere Menschen die Weichen stellen müssen, haben sie für den Fall der Fälle nicht vorgesorgt und beim Notar keine Betreuungsvollmacht hinterlegt.

Unser letzter Wille muss unser erster sein

Jeder Bankmitarbeiter könnte stundenlang Geschichten von Frauen erzählen, die nach dem Tod ihres Mannes für einige Zeit nicht auf das Familienkonto zugreifen durften, weil dieses Konto ausschließlich auf den Namen des Verstorbenen läuft. Das hat schon mancher Witwe zusätzlichen Kummer beschert.

Vernünftig ist unser Verhalten freilich nicht. Bei jeder Entwicklung, bei jedem Vorhaben sollte man alles vom Ende her bedenken. Wer ein Haus baut, befasst sich normalerweise vor allem anderen mit der Finanzierung. Wie viel muss bis wann abgezahlt sein, damit ich spätestens bis zum Eintritt ins Rentenalter schuldenfrei bin und mietfrei wohnen kann. Mein letzter Wille muss mein erster werden!

Da uns das Gespräch der Zwillinge nun zwingt, die Frage des Lebens nach dem Tod nicht länger zu verdrängen und eine Antwort darauf zu finden, wie wir im Jenseits das bestmögliche Leben finden werden, sind wir nun beim Kern der christlichen Botschaft angelangt. Auferstehung ist möglich, haben wir gehört. Aber für wen? Werden alle Menschen erlöst oder nur bestimmte? Und wenn es nicht alle sind – was kann ich dafür tun, dass ich dem erlesenen Kreis angehöre?

Vom Evangelisten Johannes ist uns ein Wort übermittelt, das diese Frage in drei Sätzen klar beantwortet: »Denn Gott hat der Welt seine Liebe dadurch gezeigt, dass er seinen einzigen Sohn für sie hergab, damit jeder, der an ihn glaubt, das ewige Leben hat und nicht verloren geht. Gott hat seinen Sohn nicht in die Welt gesandt, um sie zu verurteilen, sondern um sie durch ihn zu retten. Wer an ihn glaubt, wird nicht verurteilt. Wer aber nicht glaubt, ist damit schon verurteilt; denn der, an dessen Namen er nicht geglaubt hat, ist Gottes eigener Sohn« (Johannes-Evangelium, Kapitel 3, Verse 16-18).

Angst vor einfachen Antworten

Die Forderung scheint vergleichsweise einfach: »Glaube an Jesus Christus und du erhältst das ewige Leben.« Manchen scheint dieser Weg zu einfach. Viel zu einfach. Warum sollte ein Verbrecher durch den Glauben plötzlich vom Gericht verschont werden? Ist da nicht die Vorstellung sympathischer, die der zum Islam konvertierte Schwergewichtsboxer Cassius Clay alias Muhammad Ali einmal geäußert hat? Auf die Frage, was ihm der Glaube bedeute, antwortete er 2001 dem Magazin Reader's Digest: »Er bedeutet das Ticket für den Himmel. Eines Tages werden wir alle sterben und Gott wird uns richten nach guten und schlechten Taten. Wenn es mehr schlechte als gute gibt, fährst du zur Hölle; wenn es mehr gute als schlechte gibt, gehst du in den Himmel.«[30] Beim Angebot von Jesus Christus gibt es dieses Punktesystem nicht. Es ist einfacher. Glaube an ihn und das ewige Leben beginnt heute!

Das ist simpel, wenn auch nicht primitiv. Einfachheit macht uns oft skeptisch. Vor Jahren gab es ein Unternehmen in der Nahrungsmittelindustrie, das eine Kuchenmischung anbot, der nur noch Wasser hinzuzufügen war. Pulver – Wasser – Ofen – fertig. Die Entwicklung floppte, was die Firma einfach nicht verstehen konnte. Also befragte sie die Kunden und fand heraus, dass den Menschen eine Mischung, die lediglich noch Wasser als Ergänzung benötigte, suspekt war. Da schien etwas zu fehlen. Also unternahmen die Lebensmittelchemiker einen zweiten Anlauf: Nun wurde als Ergänzung zur Backmischung neben Wasser auch noch ein frisches Ei verlangt. Das funktionierte, der Artikel entwickelte sich zu einem Verkaufsschlager.

Vielleicht ist das christliche Gnadenangebot manchmal so schwer kommunizierbar, weil es der Kundschaft zu billig vorkommt. Was nichts kostet, hat keinen Wert. Wobei man sagen muss, dass »nichts kostet« die falsche Kategorie ist. Gnade hat schon ihren Preis, nur hat den ein anderer bezahlt: der stellvertretend am Kreuz leidende Christus.

Wir wollen hier nicht zu theologisch werden. Literatur zum Thema Gnade, Sühnetod und dem Verhältnis von Glaube und Werken füllt in den wissenschaftlichen Bibliotheken viele Regalmeter. Wir wollen nur eine Antwort auf die Frage finden, wie es nach dem Tod weitergehen kann. Die biblischen Autoren (das sind ja keine religiösen Spinner, man schaue sich nur die Biografie des Gelehrten Paulus an) haben diese

Antwort gegeben. »Weil Gott so gnädig ist, hat er euch durch den Glauben gerettet. Und das ist nicht euer eigenes Verdienst; es ist ein Geschenk Gottes« (Epheserbrief 2, Verse 8-9). Nicht durch Werke der Gerechtigkeit seien wir erlöst, betont Titus, sondern durch Gottes Barmherzigkeit (Titus 3, Vers 5).[31] So wenig die revolutionäre Backmischung anfangs das zusätzliche Ei brauchte, so wenig erfordert der Glaube an das ewige Leben durch Christus irgendwelche Zusatzleistungen, auch wenn das in der Geschichte hin und wieder sogar von christlichen Autoritäten behauptet wurde.

Wenn ich plötzlich im Mittelpunkt stehe

Ich habe Verständnis, wenn jemand bei diesen theologischen Gedankengängen abschaltet. Das liegt meistens nicht daran, dass sie unwichtig wären, sondern daran, dass uns der Bezug zu diesen Gedanken verloren gegangen ist. Stellen Sie sich vor, ich erzählte Ihnen, dass vor wenigen Wochen in den USA ein Multimillionär gestorben sei. Sie würden das schulterzuckend zur Kenntnis nehmen und auch nicht anzweifeln, denn so etwas kommt ja tatsächlich alle paar Wochen vor. Die Sache würde in dem Moment interessant, in dem ich Ihnen sagte: »Der Verstorbene hat sein ganzes Geld Ihnen vermacht.« Nun schauen Sie ungläubig, verständlicherweise. »Mir vermacht?«, fragen Sie. Ihr Interesse ist geweckt.

Mit einer religiösen Aussage über Jesus Christus ist das nicht anders. Dass er gelebt hat, wird von niemandem ernsthaft bezweifelt. Auch sein Tod am Kreuz ist historisch gut dokumentiert. Bei der Auferstehung von den Toten gibt es zwar auch mehrere hundert Zeugen, aber bei Wundern dieser Art sind wir den Quellen gegenüber verständlicherweise etwas skeptischer. Doch selbst wenn wir das akzeptierten – gelebt, gestorben, auferstanden –, folgt daraus oft nicht viel mehr als ein Schulterzucken. Es sei denn, jemand macht plausibel, dass Christus das für jeden Menschen persönlich getan hat, also auch für mich.

Reicht unsere Vorstellungskraft überhaupt dafür, dass es jemanden gibt, der sein Leben für uns gegeben hat? Schauen Sie sich ein Bild des gekreuzigten Christus an. Nicht distanziert, sondern involviert, betroffen. Dort hängt dieser unschuldige Mensch, um die Sünde der Welt zu tragen – damit alle, die an ihn glauben, diese Sünde nicht mehr tragen müssen. Wer's glaubt, wird selig, behauptet die Heilige Schrift. Abermillionen Christen bezeugen diese Wahrheit und haben die lebensverändernde Wirkung dieser Botschaft selbst erfahren. Sie sagen mit dem Evangelisten Johannes: Diesen Glauben brauchen wir.

Das Gerücht vom Gericht

Warum die Geschichte nicht ungerecht enden kann

Was sagen wir in unseren Breitengraden einem Kind, dessen Großmutter gestorben ist? »Die Oma ist jetzt im Himmel, sie lebt auf einer Wolke und schaut auf uns herab. Dort oben geht es ihr immer gut, sie hat jetzt keine Schmerzen mehr.« Und wenn der Onkel stirbt, sagen wir dasselbe. Wir sagen es sogar, wenn der Hund tot ist. Selbst mancher Atheist erzählt so etwas seinem Kind, weil ihm die Alternative zu grausam erscheint.

Wie kommen wir auf solche Aussagen? Hat uns das der Pfarrer erzählt? Haben wir das einem klugen Buch entnommen? Oder stammen solche Bilder aus unserem Bauch? Ist es angemessen, in so einem wichtigen Bereich irgendetwas daherzufantasieren, ohne dazu auch Gewissheit zu haben? Offensichtlich liegen eine Märchenstunde und das Reden über das Leben nach dem Tod besorgniserregend nah beieinander.

Es gibt überhaupt keine Religion, die behauptet, dass alle Menschen nach ihrem Tod schnurstracks in den Himmel kommen. Juden, Christen und Muslime erwarten nach dem Tod ein Gericht. Dort entscheidet sich, wie es weitergeht. Auch wenn uns über den Einzelfall kein Urteil zusteht, so scheint es doch naiv zu erwarten, dass alle freigesprochen werden. Nur rechnen wir nicht damit, dass auch unsere Verwandten oder Freunde vielleicht eines Tages in den Fahrstuhl nach unten einsteigen müssen.

Die Hölle ist leer. Zumindest, wenn es nach der Selbsteinschätzung der Menschen geht. Nur eine Minderheit glaubt überhaupt daran, dass Menschen nach dem Tod an einen Ort kommen, an dem sie andauernd für ihre Missetaten leiden müssen. Und von denen, die an die Existenz einer Hölle glauben, geht die ganz große Mehrheit davon aus, dass sie selbst in den Himmel kommen werden.

Laut dem Religionsmonitor der Bertelsmann-Stiftung[32] geht ein Drittel der Deutschen davon aus, dass das Leben mit dem Tod zu Ende ist – ohne Aussicht auf Verlängerung. Von den Menschen im atheistisch geprägten Ostdeutschland zucken sogar 60 Prozent verständnislos die Schulter, wenn das Thema Ewigkeit angesprochen wird. Dort erwarten nur 13 Prozent mit Gewissheit ein Leben nach dem Tod, im Westen sind es immerhin 38 Prozent. Ein großer Teil der Bevölkerung steht dazwischen, kann sich also ein Weiterleben nach dem Tod vorstellen, fühlt sich aber sehr ungewiss, ob und in welcher Form. Eine Emnid-Umfrage hat ergeben, dass vier von zehn Deutschen ihre eigene Auferstehung für wahrscheinlich halten.[33]

»Wir kommen alle, alle in den Himmel«?

Nun hängt die Ewigkeit nicht davon ab, ob eine Bevölkerungsmehrheit an sie glaubt. Entweder es gibt sie – oder es gibt sie nicht. Wenn wir uns darin einig sind, dass man etwas über das Jenseits wissen kann, so stellt sich gleichzeitig die Frage, ob man etwas über das Jenseits wissen muss. Kann es uns nicht letztlich egal sein? Kommt es nicht ohnehin, wie es kommen muss? Das könnte die Einstellung der Zwillinge wiedergeben. Denn schlussendlich werden beide Kinder geboren – ob sie daran glauben oder nicht, ob sie es wollen oder nicht. Sie hätten also genauso gut ihre kurzen Ärmchen über der Nabelschnur verschränken und sagen können: »Warten wir's einfach ab.« Tatsächlich hätte das letztlich für ihre vorgeburtliche Existenz keinen Unterschied gemacht.

Mit dem Leben nach dem Tod ist das nicht ganz so einfach. Erinnern Sie sich, wie wir in einem früheren Kapitel dieses Buches über Zeitmanagement nachgedacht haben? Wir waren zu dem Schluss gekommen: Das Nachdenken über das, was nach unserem Tod kommt, wird dann besonders interessant, wenn wir dieses Leben nach dem Tod durch unser Leben vor dem Tod beeinflussen können. Wenn unser Denken, Reden und Handeln in dieser Zeit eine prägende Wirkung hat für das, was wir nach dem letzten Atemzug erleben. Wenn unser irdisches Leben eine bestimmende Wirkung auf unser ewiges Leben hat.

Der Philosoph Peter Kreeft hat einmal gesagt: »Wenn alle Wege zum selben Ort führen, spielt es letztlich keine Rolle, welchen Weg wir gehen.«[34] Genau das ist der Leitgedanke unseres toleranten Zeitalters. Ob im bierseligen Schunkelgesang: »Wir kommen alle, alle in den Himmel« oder in der Forderung des aufgeklärten Preußenkönigs Friedrich II, dass jeder nach seiner Fasson selig werden soll.

Solche Gedanken sind in unserer Kultur verbreitet und populär. Das schließt allerdings nicht aus, dass sie falsch sein könnten. In jedem Fall ist unsere Verunsicherung heute größer als im Mittelalter, wo in Europa praktisch jedem klar war, wie Gott und Welt, Sünde und Tod, Kreuz und Vergebung zusammenhängen. Wir sind an vielen Stellen kritischer und das ist durchaus gut so.

Der amerikanische katholische Bischof Fulton J. Sheen (1895–1979) berichtet in seiner Autobiografie von seiner Reise in eine Stadt, wo er einen Vortrag halten sollte.[35] Am Ort angekommen, fragte er ein paar Jungen, ob sie ihm den Weg zur Stadthalle zeigen könnten. Sie erklärten ihm den Weg und fragten ihn dann, was er dort wolle. Sheens Antwort: »Ich halte einen Vortrag über den Himmel und wie man da hinkommt. Wollt Ihr mitkommen und das auch herausfinden?« Ein Junge lachte ihn aus: »Sie machen Witze. Sie wissen ja nicht mal, wie man zur Stadthalle kommt.«

»Wenn möglich, bitte wenden ...«

Der Knabe hatte recht. Doch wie hätte der ehrenwerte Bischof den Weg zur Stadthalle an völlig fremdem Ort finden sollen, wenn es ihm keiner erklärt hätte? Der Ort war für ihn unbekanntes Land, *terra incognita*, und er brauchte Wegweiser, um ans Ziel zu gelangen. Es ist nicht ehrenrührig, nach dem Weg zu fragen, wenn man die Orientierung verloren hat (obwohl sich Männer bekanntermaßen genau damit schwertun). Es ist sogar sehr klug, sich an denen zu orientieren, die sich auskennen. Ein bisschen Grundvertrauen, nicht angelogen zu werden, gehört auch dazu. Es gibt Regionen in dieser Welt, wo es als äußerst unhöflich gilt, auf die Frage nach dem Weg zu antworten, man kenne ihn auch nicht. Deshalb geben die Leute dort lieber eine falsche Antwort als gar keine. Wirklich hilfreich ist das für die Fragenden letztlich nicht.

Wir kommen also an den Punkt, an dem auch wir uns die Ratlosigkeit eingestehen müssen. Wir haben eine Ahnung, dass es irgendwie weitergeht. Wir haben sogar ein gewisses Vertrauen, dass es nach diesem Leben einen Ort geben könnte, der gut und angenehm für uns ist. Aber wir haben mit unseren Bordmitteln – Verstand und Lebenserfahrung – keine Möglichkeit, zu diesem Ort zu finden. Die Karten unserer Navigationsgeräte enden mit unserem Tod, über das Straßennetz dahinter gibt es keine Auskunft mehr. Das Navi ruft uns auf unserem Sterbebett noch zu: »Wenn möglich, bitte wenden« – aber diese Möglichkeit bleibt uns verschlossen.

Wer im Paradies nichts verloren hat

Und dann werden wir also Bilanz ziehen müssen. Vielmehr: Sie wird für uns gezogen. Wir sehen uns am Jüngsten Tag einem Gericht ausgeliefert, in dessen Mittelpunkt unsere Lebensführung steht. Welche Gefühle haben wir, wenn wir an ein Endgericht denken? Es erschiene uns schöner, wenn alle Menschen nach ihrem Tod mit etwas Angenehmerem rechnen dürften. Die Vorstellung, als Bilanz dieses Lebens eine lange Strafe, vielleicht eine ewige Strafe erdulden zu müssen, stößt uns ab. Es sei denn, es handelt sich um Schwerverbrecher, Diktatoren, Kinderschänder. Hier sagt uns unser Gefühl, es wäre nicht recht, wenn solche Menschen sofort paradiesische Freuden genössen, nachdem sie anderen so schweres Leid zugefügt haben. Sie haben Leben zerstört, nun sollen sie nicht gleich das Leben genießen. Massenmörder haben im Paradies nichts zu suchen.

Doch wo die Grenze ziehen? Wie groß muss ein Verbrechen sein, dass es einen jenseits von Eden befördert? Ist das nur bei Mord oder sexuellem Missbrauch eine klare Sache oder können es auch schon der Diebstahl und die Beleidigung sein? Es gibt Menschen, die tragen von einem bösen Wort lebenslange Verletzungen davon. Was soll mit dem geschehen, der dieses böse Wort gesprochen hat? Und plötzlich kommt uns diese Diskussion persönlich ganz nahe, denn wir wissen, dass keiner von uns ein perfektes Leben geführt hat. Klar, es gibt viele Pluspunkte in unserer Biografie. Aber eben auch eine Menge Negativpunkte, die uns belasten und die bei so einer Endabrechnung zur Sprache kommen könnten. Dann wird es auch kein Trost sein, dass andere Menschen ein schlechteres Leben geführt haben. Es ist unsere Bilanz, die zur Debatte steht. Unverfälscht, ungeschönt. Nicht unfair, sondern realistisch. Ein ehrlicher, nüchterner Blick auf unser Leben lässt vermutlich die meisten von uns ein wenig zittern. Ein Richter fände genügend Stoff für eine Verurteilung. Zu vieles ist uns im Umgang mit Gott und den Menschen misslungen.

Das Geheimnis der Prozessvorbereitung

Es tut mir leid, dass sich nun so schwere Gedanken in das Gespräch der Zwillinge mischen. Doch es scheint mir unvermeidlich, wenn wir an die Eingangsfrage denken. Es geht ja nicht ausschließlich darum, ob es überhaupt ein Leben nach dem Tod gibt. Die Antwort darauf könnte man ja abwarten. Es geht vielmehr darum, ob unser heutiges Leben Einfluss auf die Qualität des Lebens nach dem Tod hat, ob wir uns also auf dieses ewige Leben vorbereiten können. Falls uns eine wie auch immer geartete Form des Gerichts erwartet, dann gibt es nichts Klügeres, als sich auf diesen Prozess vorzubereiten.

Stellen Sie sich das doch einfach einmal für dieses Leben vor. Stellen Sie sich vor, Sie hätten nächsten Monat einen extrem wichtigen Gerichtstermin. An diesem Tag wird es für Sie um alles gehen! Vom Ausgang hängt ab, ob Sie Ihr Vermögen behalten können; und es wird entschieden, ob sie möglicherweise für den Rest ihres Lebens im Gefängnis sitzen werden. Was würden Sie tun?

Nun, Sie würden sich zweifellos mit allen verfügbaren Ressourcen auf diesen Gerichtstag vorbereiten, um möglichst ungeschoren aus dem Prozess herauszukommen. Sie würden sich den besten Anwalt besorgen, den sie bezahlen können. Sie würden sich mit den Paragrafen befassen, gegen die sie angeblich verstoßen haben. Sie würden mit anderen Leuten reden, die einen ähnlichen Prozess bereits hinter sich haben und einer Verurteilung entgangen sind.

Sie hätten keine Zeit für Oberflächlichkeiten. Das Bierchen mit den Freunden müsste warten, die Shoppingrunde mit der besten Freundin ebenfalls. Sie hätten an all diesen Dingen auch keine Freude, weil ständig das Damoklesschwert des Gerichtstages über Ihnen baumelte. Es gibt nur einen Gedanken, der Sie den ganzen Tag begleitet und des Nachts aus Ihrem unruhigen Schlaf weckt: »Wie komme ich da raus? Wie erlange ich einen Freispruch?«

Als der englische Mörder John Bell – er war gerade 14 Jahre alt – öffentlich gehängt wurde, kamen fünftausend Zuschauer. Als sein letzter Satz ist überliefert: »Ihr alle, lasst euch das eine Warnung sein.« Seine

Mahnung gilt nicht nur den Verbrechern und Delinquenten. Jeder Tod ist eine Warnung an die Überlebenden. Und das nicht nur in einem moralischen Sinn. Angesichts des drohenden Endes stehen wir immer vor der Frage: Haben wir das Beste aus unserem Leben gemacht?

Die Zehn Gebote als Maßstab

Das angekündigte Jüngste Gericht macht auch deutlich, dass wir nicht selbst bestimmen können, wann wir ein Leben als gelungen betrachten können. So wie es in einem weltlichen Prozess immer darum geht, gegen welches Gesetz jemand verstoßen hat, so geht es der Bibel zufolge im Gericht Gottes darum, gegen welche Gebote verstoßen wurde. Der Kern sind die Zehn Gebote, deren Aussagen unserer Gesellschaft allerdings zunehmend entfallen. Nicht morden, nicht stehlen – das ist bekannt und insgesamt auch anerkannt. Nicht ehebrechen, das sechste Gebot, wird schon kritischer beäugt. Und die Gebote, die weniger den Mitmenschen und mehr Gott selbst in den Blick nehmen, sind fast vergessen. Was es heißt, neben dem Gott der Bibel keine anderen Götter haben zu dürfen (erstes Gebot), können heute selbst manche Pfarrer nur unter großen Mühen erklären.

Doch sind die Zehn Gebote die Grundlage. Das schreibe ich als einer, dem der ultimative Anspruch dieser Lebensregeln selbst Kummer macht. Wenn man diese Gebote zu verstehen versucht und dazu liest, wie weitgehend sie Jesus in der Bergpredigt (Matthäus, Kapitel 5 bis 7) auslegt, kann man schon ins Wanken geraten. Man wird dem einfach nicht gerecht. Es sind Gottes Gebote, nicht menschliche. Deshalb kann man über ihre Gültigkeit nicht diskutieren. Der normale Richter diskutiert übrigens über die Gültigkeit von Gesetzen auch nicht (eine Ausnahme bilden die Richter des Bundesverfassungsgerichts). Wenn ein Gesetz von einem Parlament beschlossen wurde, bekommt es Gültigkeit – ob das dem Richter persönlich gefällt oder nicht. Die Regeln stehen, es sind ja in den allermeisten Fällen auch nachvollziehbar gute Regeln. Und an ihnen werden wir gemessen.

Eine zweite Linie des Gerichts misst unser Verhalten dem Mitmenschen gegenüber. Menschen werden danach beurteilt, ob sie anderen geholfen, Bedürftigen Nahrung und Kleidung gegeben haben, ob sie Gefangene und Kranke besuchten. Die Erklärung von Jesus Christus lautet dazu: »Was ihr für einen der Geringsten meiner Brüder und Schwestern getan habt, das habt ihr für mich getan!« (Matthäus-Evangelium, Kapitel 25, Vers 40). Dieses Wort richtig zu deuten, ist übrigens sehr viel komplizierter, als es auf den ersten Blick aussieht. Es wäre jedenfalls eine unzulässige Vereinfachung, darin einen allgemeinen Appell zur Mitmenschlichkeit zu sehen. Jesus hätte nach dem damaligen jüdischen Sprachgebrauch niemals alle Menschen der Welt einfach als »Brüder« bezeichnet. Der frühere württembergische Landesbischof Gerhard

Maier vertritt deshalb in seinem Kommentar zum Matthäus-Evangelium die Ansicht, dass dieses Gericht darauf abhebt, wie Menschen sich zur christlichen Gemeinde gestellt haben – das könnte für das Urteil Gottes über sie entscheidend sein.

Es ist hier nicht der Raum, diese theologischen Fragen angemessen zu erörtern. Entscheidend ist, dass man in diesem Gericht kaum bestehen kann. Wir haben aber bereits gesehen, dass es für Christen eine ganz andere Verheißung gibt. »Denn Gott hat die Welt so sehr geliebt, dass er seinen einzigen Sohn hingab, damit jeder, der an ihn glaubt, nicht verloren geht, sondern das ewige Leben hat« (Johannes-Evangelium, Kapitel 3, Vers 16[NGÜ]).

Das ewige Leben beginnt hier und heute

Wann beginnt überhaupt das ewige Leben? Während in den vorausgegangenen Kapiteln das Konzept durchschimmerte, dass erst der Tod die Eintrittskarte in eine wie auch immer geartete Ewigkeit bedeutet, bringt ein biblischer Autor eine andere Vorstellung ins Bewusstsein der Menschen. Der Evangelienschreiber Johannes, also einer von vier biblischen Autoren, die eine Jesus-Biografie verfasst haben, vertritt die Auffassung: Wer an Jesus Christus glaubt, hat bereits eine Art Ortswechsel vollzogen. »Ich bin die Auferstehung und das Leben. Wer an mich glaubt, wird leben, auch wenn er stirbt. Er wird ewig leben, weil er an mich geglaubt hat, und niemals sterben« (Johannes-Evangelium, Kapitel 11, Vers 25f.). Außergewöhnlich an diesem Jesus-Wort ist die Dominanz des Lebens, das den Tod als eine Durchgangsstation erscheinen lässt, die für den mit dem ewigen Leben ausgestatteten Menschen keine besondere Bedeutung hat. Anders formuliert: Das ewige Leben beginnt für den Glaubenden hier und jetzt! Bei dieser Denkart könnte man die Frage »Gibt es ein Leben nach dem Tod?« also auch zeitlich nach vorne verlegen: »Gibt es ein Leben vor dem Tod?« Und Johannes würde darauf antworten, dass für Anhänger von Jesus Christus dieses Leben bereits begonnen hat.

Ein revolutionärer Gedanke! Es ist, als ob einer das unendlich tiefe Tal des Todes einfach aufschüttet und einebnet. Statt eines heftigen Einschnitts gibt es einen ebenen Fortgang. Und es findet auch keine Vertröstung auf den Himmel statt, vielmehr holt diese Botschaft den Himmel auf Erden – zumindest einen Vor-Himmel. Auch beim Apostel Paulus findet sich der Gedanke, dass eigentlich schon durch die christliche Taufe die Auferstehung von den Toten stattgefunden hat (Kolosser-Brief, Kapitel 2, Vers 12; Epheser-Brief, Kapitel 2, Vers 5).

Können wir uns in dieses Denken hineinfühlen? Wenn wir Gott vertrauen, werden wir ewig leben! Und dieses Leben ist bereits jetzt. Der Tod stellt auf diesem Weg einen lästigen, insgesamt aber bedeutungslosen Zwischenschritt dar. Er hat keinen »Stachel« mehr, wie Paulus schreibt (1. Korinther-Brief,

Kapitel 15, Vers 55). Er kann uns nicht mehr drohen und nicht mehr wehtun. Wenn wir das für bare Münze nehmen, verschiebt sich unser Wertesystem dramatisch. Wir stehen nicht mehr vor dem Problem, was wir alles in die unberechenbare Zeit vor unserem Ableben hineinpacken müssen – weil es im wörtlichen Sinn kein Ableben mehr gibt, sondern nur einen Umzug. Die Aussicht auf ein unendliches Leben müsste uns eine unendliche Gelassenheit geben im Blick auf die Dinge, die uns tagtäglich widerfahren. So viele Ängstlichkeiten, Streitereien, Neid und Missgunst, Geiz und Gier müssten bereits heute fast zur Unsichtbarkeit verblassen, weil sie angesichts eines ewigen Lebens keinerlei Bestand haben. Und das schönste an dieser biblischen Botschaft ist: Dieses ewige Leben, das für den Glaubenden heute beginnt, kann einem keiner mehr nehmen. Von welchen Dingen, die uns im Alltag so wichtig sind, lässt sich das schon sagen?

Besser sterben, besser leben

Wir haben auf den zurückliegenden Seiten nachgedacht über das, was nach diesem Leben kommen kann, kommen wird. Joachim Ringelnatz, der humoristisch-melancholische Poet, schreibt in seinem Gedicht »Wort auf den Weg«:[36]

Weil die Lügengewebe,
Die dich umgeben,
Um dich sind, niemals über dir,
Gehe geradewegs dein Leben.
Aber wolkenwärts hebe
Dein Sinnen sich
Baldmal sterben wir.

Jesus Christus ist mit seiner Botschaft an vielen Stellen angeeckt. Und das nicht nur bei jüdischen Pharisäern, sondern auch im engsten Freundeskreis. An mehreren Stellen berichtet die Bibel, dass sich die Leute ihm nicht nur in Scharen zuwandten, sondern sich bisweilen auch in großer Zahl von ihm zurückzogen. Einmal empfanden sie seine Predigten als anziehend, ein anderes Mal als verstörend und abstoßend. Als er eines Tages eine vergraulte Menschenmenge von dannen ziehen sah, fragte er seine Jünger: »Werdet ihr auch weggehen?« (Johannes-Evangelium Kapitel 6, Vers 67). Petrus betrachtete seinen Meister indessen als alternativlos und antwortete: »Herr, zu wem sollten wir gehen? Nur du hast Worte, die ewiges Leben schenken.« Das scheint der Kern für Petrus gewesen zu sein. Nicht gesellschaftspolitische Forderungen oder eine höhere Moral, sondern die Aussicht, in den Genuss ewigen Lebens zu kommen.

Dass Kirche oder christliche Gemeinde für viele bis heute attraktiv sind, hängt vermutlich mit dieser Botschaft zusammen. Hier gibt es »Worte des ewigen Lebens«. Die Welt hat viel Schönes, aber eben ausschließlich Befristetes zu bieten. Jesus Christus verheißt mehr und gibt Hoffnung, die über den Tod hinausgeht.

Frei für das Diesseits

Der amerikanische Schriftsteller Ralph Waldo Emerson wurde von einem besorgten Mann angesprochen, der voller Angst zu ihm sprach: »Man hat mir gesagt, dass es mit dieser Welt zu Ende geht.« Emerson antwortete trocken: »Mach dir nichts draus. Wir kommen auch ohne sie aus.«[37] Das ist christliche Hoffnung: Wir kommen auch ohne diese Welt aus, weil uns eine bessere erwartet. Dieses Denken ist leider allzu oft dazu missbraucht worden, Umweltzerstörung und schonungslose Ausbeutung der Natur zu rechtfertigen. Eine zerfallende Welt muss man ebenso wenig retten wie einen verwelkenden Blumenstrauß, so das Denken. Doch es geht hier nicht um ein »Nach uns die Sintflut«. Es geht darum, dass der Tag kommen wird, an dem wir so oder so ohne diese Welt auskommen müssen. Das Problem unserer Zeit scheint eher die Totalfixierung auf das Leben vor dem Tod zu sein. In diese Zeitspanne muss alles hineingepackt werden, was uns Lust und Spaß macht. Darum gehen so viele ökologische Appelle ins Leere. Es leuchtet zu wenigen Menschen ein, dass sie Verantwortung auch für die nächsten Generationen übernehmen müssen.

Wer darauf zulebt und die Gewissheit hat, durch den Tod hindurch einen Aufstieg zu erleben, der hat auch viel mehr Freiheit, sich in dieser Welt zu engagieren. Der englische Literaturwissenschaftler C. S. Lewis schrieb: »Wenn man in der Geschichte zurückgeht, dann stellt man fest, dass diejenigen Christen am meisten für das Diesseits taten, die am meisten an das Jenseits dachten.«[38]

Es lässt sich an unserem Leben ablesen, wie wir über die Ewigkeit denken. Unser Umgang mit Zeit, Geld, anderen Menschen sagt indirekt sehr viel darüber aus. Zeige mir deine Bankauszüge und ich sage dir, was du glaubst. Dasselbe gilt für Terminkalender, Versicherungshefte und das Fahrtenbuch unseres Autos, falls wir eines führen.

Können Christen nicht loslassen?

Das ist übrigens auch der Test für die Menschen, die sich gläubig oder Christen nennen. Wenn ihre Agenda sich von der Agenda anderer Menschen nicht wesentlich unterscheidet, ist es vielleicht auch mit ihrem

Jenseitsglauben nicht weit her. Wer nur Reichtümer scheffelt und in allen Dingen ausschließlich auf seinen persönlichen Vorteil bedacht ist, rechnet möglicherweise nicht mit himmlischen Belohnungen – selbst wenn er jeden Sonntag zur Kirche geht. Der prominente Krebsarzt Prof. Volker Diehl sagte mir einmal in einem Interview, wie sehr er sich darüber gewundert habe, dass auch viele fromme Christen im letzten Stadium ihrer Krankheit kaum loslassen können. Trotz Schmerzen klammern Sie sich an ihr irdisches Leben.

Zu einem ähnlichen Ergebnis kommt eine amerikanische Studie, die zwischen den Jahren 2003 und 2007 die Behandlungswünsche von 345 schwerstkranken Krebspatienten untersuchte.[39] Es fiel auf, dass hochreligiöse Menschen mit Krebs im Endstadium öfter lebensverlängernde Maßnahmen verlangten, auch wenn diese das Sterben schwerer machen. Wie eine Mitarbeiterin des Forschungsinstituts erläuterte, habe sich die Annahme, dass religiöse Menschen ihr Lebensende eher in Gottes Hand legen als andere, als falsch erwiesen. Ihnen sei das menschliche Leben heilig; deshalb fühlten sie sich verpflichtet, so lange wie möglich am Leben zu bleiben. Diese Erklärung scheint mir allerdings nur eine Seite der Medaille zu beleuchten. Andererseits könnte es nämlich auch sein, dass manche der Sterbenden das Gefühl haben, dass die Dinge zwischen ihnen und Gott doch noch nicht bereinigt sind. Und das macht ihnen Angst. Solange sie leben, lässt sich vielleicht noch etwas in Ordnung bringen.

Die Wende auf dem Sterbebett

Und das ist tatsächlich eine Chance. Im Frühjahr 2009 starb mein Vater. Er hatte von seiner Familie zwar eine christliche Prägung mitbekommen, war Mitglied der evangelischen Kirche, ging ein- bis zweimal im Jahr in den Gottesdienst und spendete gewiss im Laufe seines Lebens beträchtliche Summen an gemeinnützige Organisationen. Aber man täte ihm unrecht, wenn man ihn als einen Mann des Glaubens bezeichnete. Die »Frommen« waren ihm in der Regel eher suspekt und als sein Sohn sich für die biblische Botschaft zu begeistern begann, sah der Vater das durchaus mit gemischten Gefühlen.

Das sollte sich auf dem Sterbebett ändern. Mein Vater hatte die letzten Monate seines Lebens mit einer Herzkrankheit zu kämpfen, verbunden mit längeren Klinikaufenthalten. Schließlich schafften Herz und Lunge nicht mehr genügend Sauerstoff ins Blut. Wir klärten ihn darüber auf, dass er mit seinem baldigen Ableben rechnen müsse, und fragten ihn, ob er im Vertrauen auf Jesus Christus sterben wolle. Das bejahte der Mann, dem ein solches Bekenntnis Jahre zuvor sicher kaum über die Lippen gekommen wäre.

Er ist im Frieden gestorben. Die bei ihm waren, berichten von einem Einschlafen, nicht von einem Todeskampf. Wir sind der festen Überzeugung, dass ihn dieser Glaube bestens vorbereitet hat auf das »Danach«. Die Dinge waren augenscheinlich bereinigt. Er konnte versöhnt seinem Schöpfer gegenübertreten.

Eine mutmachende Erfahrung für alle, die diesen nur wenige Tage währenden Prozess miterlebten.

Ein Nachgespräch

»Sie öffneten die Augen und was sie sahen, übertraf ihre kühnsten Vorstellungen.«
Kurt Tucholsky[40]

Das Gespräch der Zwillinge ist zu Ende. Wir kommen zum Nachgespräch. Was sollen wir jetzt tun? Zwei Alternativen haben uns über viele Seiten beschäftigt: Entweder gibt es ein Leben nach der Geburt oder es gibt kein Leben nach der Geburt. Einen wissenschaftlichen, hieb- und stichfesten Beweis für den einen oder anderen Ausgang besitze ich nicht. Ich kenne auch niemanden, der so einen Beweis hat. Dennoch bin ich der Überzeugung: Wir sollten uns trotz einiger Unwägbarkeiten für eine Seite entscheiden.

Die Wette des Blaise Pascal

Der große Philosoph Blaise Pascal hat uns dafür eine Rechnung aufgemacht. Seine Wette ist berühmt geworden. Er ermutigt die Menschen, auf die Existenz Gottes und ein Leben nach dem Tod zu setzen. Das tut er, indem er die Alternativen gegenüberstellt. Wenn ein Mensch an Gott und Ewigkeit glaubt, mit dem Tod aber alles aus ist, hat dieser Mensch im Prinzip nichts (oder nicht viel) verloren. Wenn er aber an

Gott und Ewigkeit glaubt und dieser Glaube bestätigt sich nach seinem Ableben – so hat er alles gewonnen. Es ist also eine Wette, bei der man nicht wirklich verlieren kann. Und deshalb scheint es Pascal ein Gebot der Vernunft zu sein, in seinem Leben auf Gott zu vertrauen.

Pascals Wette ist verschiedentlich kritisiert worden, weil sie nur zwei Alternativen aufzeigt. Denkbar wäre theoretisch ja auch noch, dass Gott anders ist, als ihn die Bibel beschreibt. Pascal spitzt seine Aussagen vermutlich deshalb zu, weil er selbst sehr gute Erfahrungen mit Jesus Christus gemacht hat. Vielleicht auch, weil die unterschiedlichen biblischen Quellen eindrücklich die Macht dieses Menschen und Sohnes Gottes beschreiben und glaubwürdig über seine Auferstehung von den Toten berichten.

Auf dem Weg zum Schmetterling

Die Zwillinge hätten ähnlich wetten können. Der eine spürt, es wird immer enger, die Zeit im Mutterleib geht zu Ende. Er gibt auf, lässt sich gehen, erwartet nichts mehr. Der andere ist überzeugt, dass der Übergang in eine neue Welt kurz bevorsteht. Er betrachtet auch die letzten Wochen in seiner Mutter als Übungsfeld, das ihn auf die Zeit danach vorbereitet. Er ist bereit, den Kampf durch den Geburtskanal auszuhalten, obwohl er die Welt da draußen nie gesehen hat. Wäre am Ende des Geburtskanals nichts, der zweite Zwilling hätte nichts verloren. Da aber dort das Licht der Welt auf ihn wartet, beginnt für ihn ein neues Leben mit einer unglaublichen Fülle an Möglichkeiten.

Die Entscheidung liegt nun bei Ihnen. Sie können das Gespräch der Zwillinge als interessante Überlegungen abhaken. Sie können die Vorstellung von einem Leben nach dem Tod ablehnen. Oder Sie können die Vision eines neuen Lebens teilen, zu dem Gott sie einlädt. Sie können sich wie eine Raupe fühlen, die kurz vor der Verpuppung steht und weiß, dass die wundervolle Existenz in der Gestalt eines Schmetterlings erst bevorsteht.

Wie immer Sie wählen, es ist Ihre Entscheidung. Ich hoffe, es wird sie eines Tages mit Dankbarkeit erfüllen, dass sie dem Gespräch der Zwillinge gelauscht und die richtigen Konsequenzen daraus gezogen haben.

Quellenhinweis

Es ist uns nicht gelungen, die Quelle für die Geschichte in der vorliegenden Fassung zu finden. Am häufigsten wird in Büchern und auf Internetseiten Henry Nouwen als Verfasser erwähnt, der eine Version der Geschichte in seinem Buch »Die Gabe der Vollendung. Mit dem Sterben leben« erzählt.[41] Interessanterweise gibt es eine ganz ähnliche Geschichte des eigentlich religionskritischen Journalisten und Publizisten Kurt Tucholsky, die er unter dem Namen Theobald Tiger 1926 in der »Berliner Illustrirten [sic] Zeitung« veröffentlichte. Das Gespräch der Zwillinge verläuft dort ein bisschen anders, aber die Pointe des Textes ist dieselbe. Tucholsky beendet sie mit der Schilderung des schweren Geburtsvorgangs und dem Augenblick, als sie den Mutterleib verlassen: »Sie öffneten die Augen und was sie sahen, übertraf ihre kühnsten Vorstellungen.«

Anmerkungen

Soweit nicht anders angegeben, wurden englische Quellen vom Autor übersetzt.

1 25. Oktober 2010 <http://www.zita.de/zita20/result.php?saauthor[]=597>.

2 Stephen Covey, Die 7 Wege zur Effektivität. Gabal 2005.

3 Konstantin Wecker, »Und das soll dann alles gewesen sein«. 1982, 25. Oktober 2010 <http://www.wecker.de/cgi-bin/cgi_lieder1?id=112&ok>.

4 Rick Warren, Leben mit Vision. Wozu um alles in der Welt lebe ich? Gerth Medien 2003.

5 Gerhard Teerstegen, Kommt, Kinder, lasst uns gehen, Strophe 2, 1738.

6 Sigmund Freud, Gesammelte Werke, Band 13. Fischer 1960, S. 40.

7 »Quarks & Co" (WDR). 2005. 25. Oktober 2010 <http://www.wdr.de/tv/quarks/global/pdf/Q_Sterben.pdf>.

8 Zitiert in: Margret Jakubowski, »Tabu-Thema Sterben«. 25. Oktober 2010 <http://www.tabuthema-sterben.de/Begleitung/Nah_Tod.php>.

9 Paul Fritz, »Where am I going«. Forumseintrag. 25. Oktober 2010 <http://www.sermoncentral.com/illustrations/humorous-illustrations-about-proverbs.asp?SearchResults.asp>.

10 Immanuel Kant, Träume eines Geistersehers, erläutert durch Träume der Metaphysik. 1766. Zitiert in: 25. Oktober 2010 <http://www.gutzitiert.de/zitat_autor_immanuel_kant_thema_unsterblichkeit_zitat_20917.html>.

11 Zitiert in: 25. Oktober 2010 <http://de.wikipedia.org/wiki/Leben_nach_dem_Tod>.

12 Zitiert in: Werner Fuld, Lexikon der letzten Worte. Eichborn 2001.

13 Zalika Klemenc-Ketis / Janko Kersnik / Stefek Grmec, The effect of carbon dioxide on near-death experiences in out-of-hospital cardiac arrest survivors: a prospective observational study. 8. April 2010. 25. Oktober 2010 <http://ccforum.com/content/14/2/R56>; vgl.: Armin Risi, »Nahtoderfahrungen – bloß ein chemisches Phänomen?«, 22. Juni 2010. 25. Oktober 2010 <http://info.kopp-verlag.de/neue-weltbilder/phaenomene/armin-risi/nahtoderfahrungen-bloss-ein-chemisches-phaenomen-.html>.

14 Vgl. Markus-Evangelium, Kapitel 5.

15 BWV 56.

16 Bruce L. Shelley, Christian Theology in Plain Language. Word 1985, S. 208.

17 Vgl. »Warum ich an die Auferstehung glaube. Einer der bekanntesten deutschen Philosophen, Robert Spaemann, über Karfreitag und Ostern« Idea Spektrum 13/2010, 31. März 2010, S. 16f.

18 Vgl. Susanne Kutter, »›Fantastische Annahmen‹. Robert Spaemann im Interview«. 7. August 2007. 25. Oktober 2010 <http://www.wiwo.de/technik-wissen/fantastische-annahmen-226670/print>.

19 Zitiert in: 25. Oktober 2010 <http://www.songtextemania.com/danke_songtext_die_fantastischen_vier.html>.

20 Christian Fürchtegott Gellert, »Wenn ich, o Schöpfer, deine Macht«, Strophe 5, 1757.

21 »Ist Gott noch populär?«, FAZ 32 (7.2.2003), S.37.

22 Zitiert in: Bernd Fuß, »Gott begegnen – in seinem Wort«, 23. November 2004 <http://www.erf.de/117-Gott_begegnen_in_seinem_Wort_Predigten.html?range=detailDataset&record=1578&PHPSESSID=gdknisil>.

23 Dr. Burghard Krause, »Glaubenskurse als missionarisches Bildungsangebot – Plädoyer für neue Korridore zwischen Bildung und Mission«. 25. Oktober 2010 <http://www.kurse-zum-glauben.org/fileadmin/user_upload/downloads/Glaubenskurse_als_Bildungsangebote_Krause_end.pdf>.

24 Zitiert nach einer Predigt von Roger W. Thomas.

25 Martin Luther, Ausgewählte Schriften. Hrsg. von Karin Bornkamm und Gerhard Ebeling in Gemeinschaft mit Oswald Bayer. 6 Bde. Insel 1982.

26 Zitiert in: Roger W. Thomas, »Ready and Waiting. 2 Timothy 4:6-8. Through the New Testament 2005.« 25. Oktober 2010 <http://www.sermoncentral.com/print_friendly.asp?ContributorID=&SermonID=82597>.

27 Anthony Cooney, One Sword at Least. G.K. Chesterton, 1874–1936. Third Way Publications 1998, S. 11; zitiert in: »Liste letzter Worte«. 25. Oktober 2010 <http://de.wikipedia.org/wiki/Liste_letzter_Worte#C>.

28 Werner Fuld, Lexikon der letzten Worte. Eichborn 2001.

29 Romano Guardini, Der Herr. Über Leben und Person Jesu Christi. Herder 1994.

30 »Face to Face with Muhammad Ali«. Reader's Digest. Dezember 2001. Zitiert in: 25. Oktober 2010 <http://www.rd.com/your-america-inspiring-people-and-stories/face-to-face-with-muhammad-ali/article26496.html>.

31 Vgl. 2. Timotheus, Kapitel 1 Vers 9: »... uns durch Christus Jesus seine Gnade zu zeigen.«

32 Wolfgang Thielmann, »Osterglaube. Glaube bricht sich Bahn.« Rheinischer Merkur. 1. April 2010. 25. Oktober 2010 <http://www.merkur.de/2010_13_Glaube_bricht_sic.41249.0.html?&no_cache=1>.

33 Ebd.

34 Peter Kreeft, Everything you ever wanted to know about heaven – but never dreamed of asking. Ignatius 1990.

35 »Knowing how to get to heaven«. Reader's Digest 2/84, S. 153; Aus der Autobiografie Bishop Fulton J Sheens »Treasure in Clay«; zitiert in: Jeff Strite, »Foundations – Gaining Heaven's Glory«. September 1997. 25. Oktober 2010 <http://www.sermoncentral.com/sermons/foundations--gaining-heavens-glory-jeff-strite-sermon-on-heaven-47691.asp>.

36 Zitiert in: Fritz und Katinka Eycken (Hg.), Die Gedichte von Joachim Ringelnatz. Zweitausendeins 2005, S. 711.

37 Zitiert in: Robert Leroe, »Heaven's Glory". September 2002. 25. Oktober 2010 <http://www.sermoncentral.com/print_friendly.asp?ContributorID=&SermonID=50531>.

38 Zitiert in: http://newtestament2009.blogspot.com.

39 »Fromme hängen stärker am Leben als andere. US-Studie: Viele Hochreligiöse wollen lebensverlängernde Maßnahmen«, Idea Pressedienst, 78/2010, 19. März 2009/14:29.

40 Vgl. S. 139.

41 Henri J.M. Nouwen, Die Gabe der Vollendung. Mit dem Sterben leben. Herder 1994, S. 36-37.

Steffen Kern

Warum das Leid?

Unsere Sehnsucht nach Hoffnung

Gebunden, 10,5 x 16,5 cm, 176 S.
Nr. 395.260,
ISBN 978-3-7751-5260-0

Der Amoklauf von Winnenden, das Erdbeben auf Haiti oder ein Schicksalsschlag in unserem eigenen Leben – es gibt so viel Leid in dieser Welt. Und das lässt sich nicht weglächeln. Es ist wie ein Stachel in der Seele. Fragen kommen auf: Wo warst du, Gott? Wie kann ein liebender Gott das zulassen? Oder auch einfach nur: Warum? Steffen Kern sucht Antworten, die standhalten und existenziell tragen. Und er ermutigt zu einem Leben in einer unvollkommenen Welt.

Bitte fragen Sie in Ihrer Buchhandlung nach diesem Buch!
Oder schreiben Sie an: SCM Hänssler, D-71087 Holzgerlingen;
E-Mail:info@scm-haenssler.de;Internet:www.scm-haenssler.de